中国传统生态文化丛书

《国语》生态伦理简论

和实生物

王士良 / 著

深圳报业集团出版社
SPM 南方出版传媒 广东人民出版社
·广州·

图书在版编目（CIP）数据

和实生物：《国语》生态伦理简论 / 王士良著. — 广州：广东人民出版社，2020.1
ISBN 978-7-218-14148-0

Ⅰ. ①和… Ⅱ. ①王… Ⅲ. ①中国历史－春秋时代－史籍 ②《国语》－伦理思想－研究 Ⅳ. ①K225.04

中国版本图书馆CIP数据核字（2019）第289902号

HESHISHENGWU:《GUOYU》SHENGTAI LUNLI JIANLUN

和实生物：《国语》生态伦理简论

王士良 著

出 版 人： 肖风华

责任编辑： 马妮璐 刘 宇
责任技编： 周 杰 周星奎
装帧设计： 安 宁

出版发行： 广东人民出版社
地　　址： 广州市海珠区新港西路204号2号楼（邮政编码：510300）
电　　话： （020）85716809（总编室）
传　　真： （020）85716872
网　　址： http://www.gdpph.com
印　　刷： 广东鹏腾宇文化创新有限公司
开　　本： 880mm×1230mm 1/32
印　　张： 8　**字　　数：** 125千
版　　次： 2020年1月第1版
印　　次： 2020年1月第1次印刷
定　　价： 35.00元

售书热线：（020）85716826

《中国传统生态文化丛书》编委名单

总　序

经过五年多的努力，中国和世界第一套研究中华传统生态文化的丛书终于问世了。

近三百年来，工业文明造就了大量的物质财富，极大地推动了人类社会的发展。同时，爆发了全球性的三大生态危机——物种加速灭绝、资源全面短缺、环境严重恶化。这些危机严重危害人类的生存和社会的进展。工业化后发的中国则更受其害，事实教训我们，走西方工业文明的老路是行不通的，必须走新路。

生态兴，则文明兴；生态衰，则文明衰。曾经辉煌的古埃及文明、古巴比伦文明，因其生态环境的恶化，尤其是土地的大量荒漠化，而败落、中断。中国由于自古强调对自然的尊重，拥有“天人合一”“道法自然”等一系列人与自然的和谐思想；拥有至少三千年以上的生态环境保护制度——虞衡制度；拥有传统生态农业、传统生态建筑、传统生态水利、传统生态医学等一系列生态科学技术；拥有传统生态文学——山水诗、田园诗等，传统生态美术——山水画、花鸟画等，以及生态性传统哲学理念、传统思维方式等，保证了中华传统文化的连绵不断，即便是王朝的更迭、异族政权的建立都没能使其中断。走生态文明之路，这是中国五千年历史实践和经验指明的道路，这是中华民族的复兴之路，这是具有中国特色的工业化、现代化之路。

然而，广博深邃的五千年中华传统生态智慧长期不被重视。近二三十年，情况发生了根本性的变化，尽管研究中华传统生态文化的论文、著作不断涌现，但至今仍缺乏全面、系统、深入的研究。为此，我们于2014年在编撰《自然国学丛书》的过程中萌发了编撰《中华传统生态文化丛书》的想法。

这是一套全面、系统且较为深入地阐明中华传统生态智慧的学术性研究丛书。在学术上，它有开拓性、前沿性；在实践上，它为我国和世界生态文明建设提供大量可借鉴的理论、知识和技术；在文字上，它力求易读易懂，具有普及性。

本丛书包括三个系列：一是通论系列，研究中华传统文化及其各个方面的生态理念，包括“中华传统文化本质上是生态文化”“中国传统生态农业”等；二是诸子系列，研究历史上各个传统学派及其代表人物的生态学说和主张，包括“儒家生态观”“道家生态观”“苏轼生态观”“戴震生态观”等；三是经书系列，研究各种经典古籍中的生态知识和思想，包括“《周易》中的生态知识和思想”“《国语》中的生态知识和思想”等，充分体现了中华传统生态文化的广度、深度和系统性。

本丛书的读者主要是国内外中华传统文化的研究者、爱好者，大专院校的师生，政府各级公务人员，各种环保工作人员以及企事业管理人员等。亦可供政府部门在全社会普及生态文化理念，进行生态文明建设之用。

孙关龙　宋正海　乔清举

2019 年 11 月

前　言

《国语》是一部先秦时期的史学著作，记载了大量西周至春秋时期周王室及各主要诸侯国君臣之间的言论，上起周穆王西征犬戎，下至智伯被灭，时间跨度约五百余年。《国语》中各篇作者不一，写作年代亦不一致，其成书则在战国时代，“属战国时代之人取春秋之事（包括少数春秋以前事）而拟成文字者”[①]。

“语”是一种特殊的著述形式，其本意是议论，而非纪事，但亦强调事论统一、以论为主。张以仁先生认为其“既不释经，复不叙史，它用记言的方式，求达到明德之目的，所以偏

---

① 王树民、沈长云：《国语集解·前言》，《国语集解》，徐元诰撰，北京：中华书局，2002年，第4页。

重说理。”[①] 据《国语·楚语》所载，楚庄王向大夫申叔时问及“傅太子之道”，申叔时提出了九个方面的内容，其中就包含有“语”，他说：“教之‘语’，使明其德，而知先王之务，用明德于民也。”[②] 韦昭在此处注解为“治国之善言”。也就是说，“国语”不同于一般的谚语、俗语或者语录、对话，而是“明德”之语，且以“国”为主体，具有鲜明的政治意义。

这些“国语”大部分围绕着君主和大臣展开，而各国的言论方式与书写风格则不尽相同，反映了其不同的文化底蕴与社会发展阶段。如《周语》《鲁语》以“浑朴平实”见长，显示出其共同的礼乐文化底蕴；而《楚语》则一方面体现出其力图接引华夏礼乐文明的趋向，亦体现出其巫觋和祭祀文化的特点；《齐语》多记齐桓管仲之言，体现出春秋时期法家思想发展的一些线索；《越语》以范蠡为中心，以勾践灭吴为线索，其中充满了对于天人之际这一中国哲学主题的深层探讨，体

① 张以仁：《春秋史论集》，台北：联经出版事业公司，1990年，第152页。
② 徐元诰：《国语集解》，王树民、沈长云点校，北京：中华书局，2002年，第485页。

现了春秋后期人们对于天地自然的认识和实践能力的提升。可以说，《国语》中的思想世界其实亦已经构成了即将到来的诸子时代的思想文化背景和基础，是中国思想史发展脉络中的重要一环。

关于《国语》的整体内容，韦昭则总结为“邦国成败，嘉言善语，阴阳律吕，天时人事逆顺之数”。[①] 明代王世贞对《国语》亦有较高的评价，他说：“其所著记，盖列国辞命载书训诫谏说之辞也。商略帝王，包括宇宙，该治乱，迹善败，按籍而索之，斑斑详窍，奚翅二百四十年之行事，其论古今天道人事备矣。”[②] 也就是说，《国语》虽以治国之“嘉言善语”为切入点，但并未局限于此，而是广泛涉及包括天地自然、社会政治、伦理道德等诸多方面，其核心便是“天道人事”。这从前述各国言论所呈现出的多样化的主题和思想方式亦可以看出。可以说，《国语》中所记载的“嘉言善语”及其所蕴含的关于

① [三国]韦昭：《国语解叙》，徐元诰：《国语集解》，王树民、沈长云点校，北京：中华书局，2002年，第594页。

② [清]朱彝尊：《经义考》，北京：中华书局，1998年，第1072页。

“天道人事”的辩证思考，充分地反映了中国西周至春秋时期人们对于天地自然认识和实践活动的特点，具有重要的文献价值，极富生态意蕴。

《国语》中的生态思想主要体现在四个方面。就人与自然的关系而言，《国语》展现了从西周到春秋这一历史时期人们对人与自然关系思考的变迁过程。总体来看，从“事神保民”到“人事必将与天地相参”的转变表明人们对自然的神格信仰逐渐淡化，亦代表着人们对自然的认识和实践能力的提升。《国语》在中国生态哲学范畴亦有所发展，其提出的“和实生物”的命题，既是一种思维方式，亦是人和万物的存在方式。此外，《国语》亦丰富了“时”“通”等生态哲学范畴的内涵，这意味着人们对自然的认识逐渐深化。《国语》提出“被文相德”“懋昭明德，物将自至”“义以生利，利以丰民”以及“圣人贵让”的思想，体现了人在自然万物面前的德性主体和知性主体的统一，这是儒家生态德性论的基本特点。《国语》还记载了大量的对鸟兽、土地、山川的道德关怀和对于其生态价值的论述，集中体现了生态共同体的思想特点。

《国语》所蕴含的生态思想具有重要意义。作为一部由“明德之语”构成的“史书”,《国语》中生态思想最为直观的意义即体现在“思想史”方面。它向我们展示了中国西周至春秋时期人们对于天人之际的认识和实践的特点，是中国生态思想史发展的重要阶段，其提出的诸多具有深远影响的话题及围绕这些话题形成的基本范畴、主要观点，构成了即将到来的诸子时代的思想文化基础，并对中国文化的历史发展产生了重要影响。

《国语》中的生态思想凸显了中国生态思想发展中的一种实践维度，体现出一种自然生态与社会政治生态的内在统一性。《国语》之“语”往往在君臣之间展开，并以治国之“嘉言善语”为切入点，但并未局限于此，而是广泛涉及“天道人事”，呈现出对于政治活动的一种整体主义理解。而如果反过来从生态哲学思想的角度来看,《国语》中关于天人之际的思考则呈现一种切近人类现实生活的实践性特点。其与国家政治生活及生产实践密切相关，或者与国家的礼制相结合（如虢文公通过籍田之礼劝诫周宣王“祖识地德”，周襄王以隧礼之制提醒晋文公“懋昭明德，物将自至”等），或者与国家的重大政治事件相结合（如太子晋以“川，气之导也”对周灵王壅川进行劝诫；范蠡在协助越王谋伐吴国过程中极力强调“人事必将与天地相参”等），从而体现出一种自然生态与社会政治生态的内在统一性。究其实质而言，社会政治活动是属人活动，而人类的存在和发展均是以自然为先决条件的，同样亦应该遵循自然运行的规律。这是《国语》生态思想的重要特点。

王士良

目　录

第一章

《国语》中的生态思想概述

《国语》中的生态思想主要体现在四个方面。就人与自然的关系而言，《国语》展现了从西周到春秋这一历史时期人们对人与自然关系的思考变迁过程。总体来看，从“事神保民”[①]到“人事必将与天地相参”[②]的转变，表明人们对自然的神格信仰逐渐淡化，亦代表着人们对自然的认识和实践能力的提升。《国语》对中国生态哲学范畴亦有所发展，其提出的“和实生物”[③]的命题，既是一种思维方式，又是人和万物的存在方式。此外，《国语》亦丰富了“时”“通”等生态哲学范畴的内涵，这意味着人们对自然的认识逐渐深化。《国语》提出“被文相德”[④]“懋昭明德，物将自至”[⑤]“义以生利，利以丰民”[⑥]以及“圣人贵

① 徐元诰：《国语集解》，王树民、沈长云点校，北京：中华书局，2002年，第5页。
② 徐元诰：《国语集解》，王树民、沈长云点校，北京：中华书局，2002年，第582页。
③ 徐元诰：《国语集解》，王树民、沈长云点校，北京：中华书局，2002年，第470页。
④ 徐元诰：《国语集解》，王树民、沈长云点校，北京：中华书局，2002年，第90页。
⑤ 徐元诰：《国语集解》，王树民、沈长云点校，北京：中华书局，2002年，第53页。
⑥ 徐元诰：《国语集解》，王树民、沈长云点校，北京：中华书局，2002年，第256页。

让”[1]的思想，体现了人在自然万物面前德性主体和知性主体的统一，这是儒家生态德性论的基本特点。《国语》还记载了大量对鸟兽、土地、山川的道德关怀和对其生态价值的论述，集中体现了生态共同体的思想特点。

一、从“事神保民”到“人事必将与天地相参”:《国语》中的天人关系论

生态学的核心是处理人与自然的关系。在中国哲学史上，对人与自然关系的认识往往以“究天人之际”的方式展开。从人类思想史发展来看，“对天人关系的认识是一个不断的否定之否定的过程。在人类存在的限度内，‘天人之际’会一直地‘究’下去。每一个时代都有每一个时代的‘究天人之际’，每一个时代的‘究天人之际’都会构成整个人类思想史上的一个

① 徐元诰：《国语集解》，王树民、沈长云点校，北京：中华书局，2002年，第108页。

片段”[①]。而且，由于生存环境、民族习惯和社会发展程度等因素的差异性，“究天人之际”亦呈现出鲜明的地域性特征。《国语》的时间跨度约五百年，地域范围涵盖周王室、鲁国、晋国、楚国、越国等。这既构成了中国古代“究天人之际”过程中的重要片段，其本身亦经历和展现出人类思想变迁中的历史性特征和地域性差异。

天人关系的最初表现形式是人神关系。在人类社会早期，面对雷电、洪水、飓风等自然现象，人们往往无法解释甚至无所适从，但却总能感知其力量的强大，这是一种“完全异己的、有无限威力的和不可制服的力量”[②]。面对异己的自然力，人们普遍采取人格化的方式赋予其情感、意志以及超自然的力量和形象。恩格斯指出：“正是这种人格化的欲望，到处创造了许多神。”[③]这是早期社会人类认识自然的基本方式。这些特征在《国语》的历史记载中亦有所体现。

---

① 乔清举：《儒家生态哲学史》，未刊稿，详见“天人关系的辩证展开”部分。

② ［德］马克思、恩格斯：《马克思恩格斯全集》第3卷，北京：人民出版社，1960年，第34页。

③ ［德］马克思、恩格斯：《马克思恩格斯全集》第20卷，北京：人民出版社，1971年，第672页。

《国语》中有大量的关于“神”的记载，其含义大体可以分为两类：其一，“上帝山川百神”[①]，是指天地山川等自然界广泛存在的超出人类自身意志和实践范围的现象，具有泛神论的特点，这是《国语》中所记载的自然之“魅”。其二，“事神保民，莫弗欣喜”[②]，这里的“神”与人类社会的政治生活联系更为密切，是指一种具有权威性的神意，在一种较为抽象的意义上作为政治合法性的基础而存在于西周至春秋时期的政治生活之中。

陈来教授曾经对西周时期“天”的观念进行分析，认为其具有“超越的神格”“自然存在”和“宇宙秩序”三种含义，其发展趋势则是：神格信仰逐渐淡化，向自然和秩序方面“偏移”。[③]这种变化在《国语》中有清晰的呈现。春秋末期，随着人们对自然的认识和实践能力的提升，对人与自然关系的认识

---

① 徐元诰：《国语集解》，王树民、沈长云点校，北京：中华书局，2002年，第51页。
② 徐元诰：《国语集解》，王树民、沈长云点校，北京：中华书局，2002年，第5页。
③ 陈来：《古代宗教与伦理》，北京：生活·读书·新知三联书店，2009年，第216页。

更加系统化。尤其体现在“人事必将与天地相参”[①]的命题上，这既强调了天时地利的基源性地位，又充分凸显了人的主体性，已经清晰地展现出了天时、地利、人和的辩证统一结构。

总体来看，从“上帝山川百神”“事神保民”到“人事必将与天地相参”的转变，表明人们对自然的神格信仰逐渐淡化，其实质则是人们对自然的认识和实践能力的提升。其思维方式和思想体系亦在不断深入和完善，这为后来的中国思想家对天人之际的探究提供了重要的思想资源。

二、“和实生物”:《国语》中的生态哲学范畴

《国语》在中国生态哲学范畴亦有所发展，其提出的“和实生物”的命题，既是一种思维方式，又是人和万物的存在方式。此外,《国语》丰富了“时”“通”等生态哲学范畴的内涵。生态哲学范畴反映的是具象性事物背后的普遍性规律和价值，这

① 徐元诰：《国语集解》，王树民、沈长云点校，北京：中华书局，2002年，第582页。

意味着人们对自然的认识逐渐深化。

史伯曾经和郑桓公就西周“王室多故”的政治形势进行讨论，他认为，虞、夏、商、周之所以能够立国，就在于其先祖能够“成天地之大功”[①]，即充分利用天地自然的基源性条件，通过“平治水土”“播植百谷”等活动实现万物各得其宜、各乐其生。史伯进而论述了“成天地之大功”的内在机理，也就是必须遵循“和实生物”的原则。他说：“夫和实生物，同则不继。以他平他谓之和，故能丰长而物归之。若以同裨同，尽乃弃矣。故先王以土与金木水火杂，以成百物。”[②]这里已经从本体的意义上把“和”视为万物化生的基本原则和方式。首先，“和实生物”，“生物”是“和”的根本目的，“和”则是“生物”的基本方式。“生”有两层含义，其一是指生命的化生、养护，其二是指生命存在的状态以及生命体之间的相互关联。其次，“以他平他谓之和”，“他”就是指“他者”，是指一个统一体内部的不同要素，各要素之间互为“他者”；“他者”之间相互依存、

---

① 徐元诰：《国语集解》，王树民、沈长云点校，北京：中华书局，2002年，第466页。

② 徐元诰：《国语集解》，王树民、沈长云点校，北京：中华书局，2002年，第470页。

相辅相成的关系以及构成这种关系的过程则是“平”。“以他平他”是实现“和实生物”的必要条件。因此，“和实生物”既是一种思维方式，又是人和万物的存在方式。在这一过程中，不同的生命体甚至非生命体之间构成一种“共生”关系，日月星辰、土地山川、草木鸟兽以及人类共同构成了宇宙的美好图景与秩序。

除了这种共时性的统一性关系之外，“和”还体现在一种历时性的时间时序关系之中。“夫辰，角见而雨毕，天根见而水涸，本见而草木节解，驷见而陨霜，火见而清风戒寒”[①]。这里所描述的是一种自然时序，应该是人类活动的基本遵循。唯有依自然之序行人道之事，才能从中获取财用，以养护群生。依此，《国语》提出了“审其四时”[②]“助时”[③]“时儆”[④]以及“圣人之功，

---

① 徐元诰：《国语集解》，王树民、沈长云点校，北京：中华书局，2002年，第64页。
② 徐元诰：《国语集解》，王树民、沈长云点校，北京：中华书局，2002年，第220页。
③ 徐元诰：《国语集解》，王树民、沈长云点校，北京：中华书局，2002年，第145页。
④ 徐元诰：《国语集解》，王树民、沈长云点校，北京：中华书局，2002年，第65页。

时为之庸"①等思想，体现了对于自然时序的认识和遵循。

《国语》中记载有"川，气之导也"②"夫王人者，将导利而布之上下者也"③以及"政不行，何以导民"④的思想，肯定了"通"和"导"在自然演化和政治运行中的意义。其"导气""导利""导民"的思想在思维方式上具有一致性，体现了自然生态与政治生态的统一，从而丰富了中国传统生态哲学的范畴体系，具有重要的生态意义。

三、"懋昭明德，物将自至":《国语》中的生态德性论

在人与自然交往的历史过程中，人的认识和实践能力亦在不断增强。对于人的主体性，中国传统哲学是有清晰认识的，《礼

① 徐元诰:《国语集解》，王树民、沈长云点校，北京：中华书局，2002年，第586页。
② 徐元诰:《国语集解》，王树民、沈长云点校，北京：中华书局，2002年，第93页。
③ 徐元诰:《国语集解》，王树民、沈长云点校，北京：中华书局，2002年，第13页。
④ 徐元诰:《国语集解》，王树民、沈长云点校，北京：中华书局，2002年，第420页。

记》说："人者，天地之心也。"[①]一般而言，"心"具有两重含义："心"既是思虑之心，具有认识天地自然的功能；亦是道德之心，以德性来规范和约束人在天地自然面前的实践行为。《国语》提出"被文相德""懋昭明德，物将自至"和"圣人贵让"的思想，体现了人在自然万物面前德性主体和知性主体的统一，具有重要的生态意义。

晋悼公（名晋周）是春秋时期的一代英主，在其即位之前，曾居于周侍奉单襄公。单襄公对其有极高的评价，认为其"被文相德，非国何取？"[②]，也就是说，晋周具备了"文"与"德"，终必得国，成为晋国之君。可见，在单襄公这里，"文"与"德"被视为成为一国之君的内在条件。那么，何谓"文"呢？从形式上看，"文"似是一种全德之名（包含敬、忠、信、仁、义、智、勇、教、孝、惠、让十一种具体的德性），但这并不能构成"得国"的必然条件。进而，单襄公指出："天六地五，

① [清]朱彬：《礼记训纂》，饶钦农点校，北京：中华书局，1996年，第348页。
② 徐元诰：《国语集解》，王树民、沈长云点校，北京：中华书局，2002年，第90页。

数之常也。经之以天，纬之以地，经纬不爽，文之象也。”① 这段文字其实才是“文”的实质性含义。“文”其实是以天之六气（阴、阳、风、雨、晦、明）和地之五行（金、木、水、火、土）为基本内容的天地自然之道。“被文”即能够认识天地之经纬，并以之作为人事活动的基本规则，如此，才能够“得国”，“其行也文，能文则得天地，天地所祚，小而后国”②。除了“文”之外，晋周之“德”亦为单襄公称道：“夫正，德之道也。端，德之信也。成，德之终也。慎，德之守也。……慎成端正，德之相也。”③ 可以发现，“文”与“德”是人在天地自然面前知性主体和德性主体的体现，而这两者的统一其实正是儒家生态德性论的基本特点。

应该如何处理与万物的关系呢？这是生态德性论的重要内容。《国语》提出了一条重要的原则，即“懋昭明德，物

① 徐元诰：《国语集解》，王树民、沈长云点校，北京：中华书局，2002年，第89页。
② 徐元诰：《国语集解》，王树民、沈长云点校，北京：中华书局，2002年，第88页。
③ 徐元诰：《国语集解》，王树民、沈长云点校，北京：中华书局，2002年，第90页。

将自至”①。这句话出自周襄王与晋文公关于隧礼的一段对话。隧礼是天子之葬礼。晋文公助襄王回都城复位，襄王以土地赐之，而晋文公则请求襄王允许他以隧礼下葬，襄王则拒之。在襄王看来，虽然周王室已经不复强盛，“今天降祸灾于周室，余一人仅亦守府”②，但是天子的礼仪及其基本原则仍需要维持。享用天子之礼，必然先具备天子之功，“能光裕大德，更姓改物，以创制天下，自显庸也。而缩取备物，以镇抚百姓”③。“大德”乃是基础条件，具体体现为“使各有宁宇，以顺及天地，无逢其灾害”④。大德乃天地之大功，能够使天下之人在天地之间安定有序地生活，免除灾祸。依此，《国语》还明确提出德乃福之基的思想：“夫德，福之基也，无德而福隆，犹无基而厚墉也，其坏也无日矣。”⑤与

① 徐元诰：《国语集解》，王树民、沈长云点校，北京：中华书局，2002年，第53页。
② 徐元诰：《国语集解》，王树民、沈长云点校，北京：中华书局，2002年，第52页。
③ 徐元诰：《国语集解》，王树民、沈长云点校，北京：中华书局，2002年，第52—53页。
④ 徐元诰：《国语集解》，王树民、沈长云点校，北京：中华书局，2002年，第52页。
⑤ 徐元诰：《国语集解》，王树民、沈长云点校，北京：中华书局，2002年，第396页。

之相对应的另外一种观念则是:“小丑备物,终必亡。”[①]也就是说,美好事物的取得,必须以德性为前提条件。此外,《国语》对于物的使用亦提出了德性的要求。周景王欲铸造无射钟,单穆公劝谏说:“若积聚既丧,又鲜其继,生何以殖?……律度量衡于是乎生,小大器用于是乎出,故圣人慎之。”[②]在这里,“德”具体体现为对于“律度量衡”的遵循。其目的在于保证民众生活的持续性和人心的稳定性,“夫德广远而有时节,是以远服而迩不迁”[③]。“时”即自然时序,“节”即节制。这在建造台榭等工程建设方面亦有所要求:“故先王之为台榭也,榭不过讲军实,台不过望氛祥,故榭度于大卒之居,台度于临观之高。其所不夺穑地,其为不匮财用,其事不烦官业,其日不废时务。瘠垸之地,于是乎为之;城守之木,于是乎用之;官僚之暇,于是乎临之;四

① 徐元诰:《国语集解》,王树民、沈长云点校,北京:中华书局,2002年,第10页。
② 徐元诰:《国语集解》,王树民、沈长云点校,北京:中华书局,2002年,第108页。
③ 徐元诰:《国语集解》,王树民、沈长云点校,北京:中华书局,2002年,第427页。

时之隙，于是乎成之。”[①] 这体现出建造台榭的如下几个原则：实用，即实现“讲军实”或“望氛祥”的目的；节约，充分利用“瘠墝之地”和“城守之木”；因时，运用“官僚之暇”和“四时之隙”；其最终以“不匮财用”“不废时务”而成之。这些规定有助于国计民生的稳定性和可持续性，具有重要的生态意义。

人类的生活离不开自然界，而面对自然之利以及在此基础上形成的其他形态的利益，人们会表现出不同的态度和行为，义利之辨即是围绕此问题而展开的。义利之辨是儒家文化中一个历久弥新的话题。从根本上来看，任何义利之辨所涉及的“利”，均来自于自然界，“夫利，百物之所生也，天地之所载也”[②]。任何义利之间存在的张力，都在人与自然之间展开，而二者的关系最终即归结为人与自然的关系。关于义利之辨，《国语》中有大量的记载，提出了“义所以生利”[③]，“义以生利，利

① 徐元诰：《国语集解》，王树民、沈长云点校，北京：中华书局，2002年，第496页。
② 徐元诰：《国语集解》，王树民、沈长云点校，北京：中华书局，2002年，第13页。
③ 徐元诰：《国语集解》，王树民、沈长云点校，北京：中华书局，2002年，第46页。

以丰民”[①]，“夫义者，利之足也”[②]的思想。此外，在《国语》中，义利之辨还有另外一种表现形式，即“圣人贵让”[③]与“胡可专也”[④]。

《国语》提出了“圣人贵让”的观念：“夫人性，陵上者也，不可盖也。求盖人，其抑下滋甚，故圣人贵让。……故王天下者必先诸民，然后庇焉，则能长利。”[⑤]这段文字体现了一种利他主义的道德原则。对君主而言，应该先民之利，“缩取备物，以镇抚百姓”[⑥]。对普通社会成员而言，亦需要普遍遵循，将其视为与人相处的重要方式。此外，《国语》还反对“专利”：“夫利，百物之所生也，天地之所载也，而或专之。其害多矣。天地百

① 徐元诰：《国语集解》，王树民、沈长云点校，北京：中华书局，2002年，第256页。
② 徐元诰：《国语集解》，王树民、沈长云点校，北京：中华书局，2002年，第290页。
③ 徐元诰：《国语集解》，王树民、沈长云点校，北京：中华书局，2002年，第75页。
④ 徐元诰：《国语集解》，王树民、沈长云点校，北京：中华书局，2002年，第13页。
⑤ 徐元诰：《国语集解》，王树民、沈长云点校，北京：中华书局，2002年，第75页。
⑥ 徐元诰：《国语集解》，王树民、沈长云点校，北京：中华书局，2002年，第53页。

物，皆将取焉，胡可专也。”[1]这段材料表明了一个基本事实：自然万物是“利”的基本来源，同样，自然万物亦是“利”的享有者，任何物类均无专享之权。这其实正是对人类中心主义的克服，人类是自然万物的一分子，并不能专享自然之利，要充分考虑到自然万物的基本需求。这也符合天人合一的内在要求。

四、“上下、内外、大小、远近皆无害”：《国语》中的生态共同体论

在中国传统文化的视域中，人类不仅要以德性来规范和约束自身的主体性行为，而且要从更为积极的层面上去主动地关怀自然万物，从而形成包含人与自然万物在内的生态共同体。也就是说，生态共同体的范围不仅是人类，更是扩展至鸟兽、山川、土地等自然世界。关于此，《国语》中亦有大量的记载，体现着人们对于动物、土地、山川等的道德关怀，极具生态意义。

① 徐元诰：《国语集解》，王树民、沈长云点校，北京：中华书局，2002年，第13页。

楚国大夫伍举曾说:“夫美也者,上下、内外、大小、远近皆无害焉,故曰美。”① 伍举是以此劝诫楚王不要执着于章华之台,这是在“敛民利以成其私欲”②,并非真正的“美”。真正的“美”是以“行德义”为基础的,而“行德义”的最终目标则是远近大小皆安,“其有美名也,唯其施令德于远近,而小大安之也”③。伍举的言论虽然是针对政治生活而言,其实具有更为普遍性的意义,适用于人类的一切活动。作为君主,要施德于民;对于人类而言,要施德于天地自然。这也是生态共同体的基本要求。

中国古代以农业立国,而土地则是农业之本,因此古人对于土地的生殖意义具有深入的认识。比如,按照礼制要求,每年春耕之前,天子应该举行亲自耕田的典礼,以示重视农耕之意,即籍田之礼。《国语·周语》对籍田之礼有详细的论述,包括先时九日、先时五日、是日的不同要求,公卿、百吏、庶

① 徐元诰:《国语集解》,王树民、沈长云点校,北京:中华书局,2002年,第495页。
② 徐元诰:《国语集解》,王树民、沈长云点校,北京:中华书局,2002年,第495页。
③ 徐元诰:《国语集解》,王树民、沈长云点校,北京:中华书局,2002年,第495页。

民等的不同职责，以及斋宫、祼鬯、飨醴、籍田、徧诫、大徇等典礼的程序和要求。其最终达到的目的是："民用莫不震动，恪恭于农，修其疆畔，日服其镈，不解于时，财用不乏，民用和同。"① 农业的发展是人类对自然界的认识和实践能力的重大进步，人类不再是简单地从自然界既有的环境中寻求天然的生活资料，而是通过农业活动进行有目的的生产。籍田之礼本质上即是宣示人与自然关系的一种礼制，目的是使人们"祖识地德"②，是将土地纳入生态共同体的重要体现，具有重要的思想意义。

关于山脉与河流，《国语》提出"国主山川"和"川竭国亡"，肯定了其对社会政治生活和人类存在的意义，具有深刻的生态意蕴。③ 在儒家的祭祀文化中，亦包含着对于土地、山川的共同体思想，"加之以社稷、山川之神，皆有功烈于民者也。及前哲令德之人，所以为明质也。及天之三辰，民所以瞻仰也。

① 徐元诰：《国语集解》，王树民、沈长云点校，北京：中华书局，2002年，第21页。

② 徐元诰：《国语集解》，王树民、沈长云点校，北京：中华书局，2002年，第194页。

③ 乔清举：《儒家生态思想通论》，北京：北京大学出版社，2013年，第146—147页和第153—155页。

及地之五行，所以生殖也。及九州名山川泽，所以出财用也。非是不在祀典”[①]。土地、山川是民众繁衍生息和获取财用的重要基础和来源，因而被纳入国家祀典之中，以表达对其的敬畏和感恩。

鲁宣公曾经在某年的夏天置网于泗水深处以取鱼，鲁国大夫里革则“断其罟而弃之”[②]，并对宣公进行了劝诫。里革的劝诫中最为核心的观念是：要恰当地处理人类的用度和鸟兽虫鱼草木的生长习性之间的关系。里革并未否定人类从自然界中获取用度的合理性，甚至在某些时候，还有助于优化水中的生态环境。不过，人的行为应该有限度，要遵循自然物自身的规律性，如“山不槎蘖”“泽不伐夭”“鱼禁鲲鲕”“兽长麑麌”“鸟翼鷇卵”“虫舍蚳蝝”[③]，也就是要尊重并符合它们的生命周期。唯有如此，才能实现“蕃庶物”以维持生物的多样性和丰富性，才能实现“生态共同体”的可持续发展。

---

① 徐元诰：《国语集解》，王树民、沈长云点校，北京：中华书局，2002年，第161页。
② 徐元诰：《国语集解》，王树民、沈长云点校，北京：中华书局，2002年，第167页。
③ 徐元诰：《国语集解》，王树民、沈长云点校，北京：中华书局，2002年，第168页。

生态共同体的思想应成为当前生态建设的思想指引。面对天地自然万物，人类应树立与之为善的意识，“始与善，善进善，不善蔑由至矣。始与不善，不善进不善，善亦蔑由至矣”[①]。“与善”即以善意与万物相处，也就是道德地对待万物。“与善”才能“进善”，才能保障共同体的持续性。

① 徐元诰：《国语集解》，王树民、沈长云点校，北京：中华书局，2002年，第388页。

第二章

《国语》中的天人关系论：对人与自然关系的总体性认识

生态学的核心是处理人与自然的关系。美国生态学家霍尔姆斯·罗尔斯顿曾说：“人们的生活必然要受到大自然的影响，必然要与自然环境发生冲突；自从哲学诞生之日起，这一事实就引起了人们的无尽思考。”[①] 在中国哲学史上，对人与自然关系的认识往往以“究天人之际”的方式展开。乔清举教授指出：“从人类思想史发展来看，对天人关系的认识是一个不断的否定之否定的过程。在人类存在的限度内，天人之际会一直地‘究’下去。每一时代都有一个时代的‘究天人之际’，每一个时代的‘究天人之际’都会构成整个人类思想史上的一个片段。”[②] 而且，由于生存环境、民族习惯和社会发展程度等因素的差异性，“究天人之际”亦呈现出鲜明的地域性特征。

《国语》中所记述的历史事件，其时间跨度约为五百年，地域范围涵盖周王室、鲁国、晋国、楚国、越国等。就天人关系而言，其中有大量的历史记载，形成了如“事神保民”[③] “民

---

① ［美］霍尔姆斯·罗尔斯顿：《环境伦理学》，杨通进译，北京：中国社会科学出版社，2000年，第1页。

② 乔清举：《儒家生态哲学史》，未刊稿，详见“天人关系的辩证展开”部分。

③ 徐元诰：《国语集解》，王树民、沈长云点校，北京：中华书局，2002年，第5页。

神无怨”[①]“民神异业，敬而不渎”[②]，以及“人事必将与天地相参”[③]“日月不处，人谁获安？”[④]等诸多充满辩证思考和具有深远历史影响的命题。可以说，《国语》所记载的关于天人关系或人神关系的言论，较为完整地呈现出这一问题在西周至春秋时期的思想史变迁。这既构成了中国古代“究天人之际”过程中的重要片段，其本身亦经历和展现出了人类思想变迁中的历史性特征和地域性差异。

---

① 徐元诰：《国语集解》，王树民、沈长云点校，北京：中华书局，2002年，第29页。
② 徐元诰：《国语集解》，王树民、沈长云点校，北京：中华书局，2002年，第514页。
③ 徐元诰：《国语集解》，王树民、沈长云点校，北京：中华书局，2002年，第582页。
④ 徐元诰：《国语集解》，王树民、沈长云点校，北京：中华书局，2002年，第324页。

第一节 “上帝山川百神”：《国语》中的自然之“魅”

天人关系的最初表现形式是人神关系。在人类社会早期，面对雷电、洪水、飓风等自然现象往往无法解释、无所适从，但总能感知到其力量的强大，这是一种“完全异己的、有无限威力的和不可制服的力量”[①]。面对异己的自然力，人们普遍采取人格化的方式赋予其情感、意志以及超自然的力量和形象。恩格斯指出：“正是这种人格化的欲望，到处创造了许多神。”[②]这是早期人类社会认识自然的基本方式。

就中国古代的思想变迁来说，殷周之际无疑是一个特殊

① ［德］马克思、恩格斯：《马克思恩格斯全集》第3卷，北京：人民出版社，1960年，第34页。

② ［德］马克思、恩格斯：《马克思恩格斯全集》第20卷，北京：人民出版社，1971年，第672页。

的历史阶段。这一点,《礼记》曾有记载:“殷人尊神,率民以事神……周人尊礼尚施,事鬼敬神而远之,近人而忠焉。”[①]由“尊神”到“近人”,体现了殷周之际的人文主义转向,这对中国文化的发展产生了深远的影响。需要指出的是,周人虽然“近人”(与“殷人尚鬼”相较,体现了人的认识和实践主体性的进步),但并未完全地摒弃或者忽视“神”“鬼”,其特点是“事鬼敬神而远之”。这从西周时期大量的关于“事神保民”的记载可以看出。春秋时期,人们围绕天人关系或人神关系展开了进一步的思考,人的主体性逐渐凸显,并形成了大量具有无神论倾向的思想观点,从而呈现出该问题在这一时期的特殊发展形态。这些特征在《国语》的历史记载中亦有所体现。

《国语》中有大量的关于“神”的记载,其含义大体可以分为两类:其一,“上帝山川百神”[②],是指天地山川等自然界所广泛存在的超出人类自身意志和实践范围的现象,具有泛神论

① [清]朱彬:《礼记训纂》,饶钦农点校,北京:中华书局,1996年,第792页。
② 徐元诰:《国语集解》,王树民、沈长云点校,北京:中华书局,2002年,第51页。

的特点，这是《国语》中所记载的自然之“魅”。乔清举教授指出：“儒家文化运用山川之神、大地之神的形式来表达自然之魅。”又说：“对于自然，它还保留着神性或神意的看法。这种神性或神意即是所谓的自然之‘魅’（关于儒家文化之“魅”的特点及其生态意义，乔清举教授进行了详细的分析，指出：“在儒家，自然之魅不是一种类似上帝那样的人格神，而是自然的知其然而不知其所以然的神妙作用。这些作用超出了单纯的物质之间机械的因果联系，是一种有机的关联。”）。”[①]其二，“事神保民，莫弗欣喜”[②]，这里的“神”与人类社会政治生活的联系更为密切，是指一种具有权威性的神意，在一种较为抽象的意义上作为政治合法性的基础而存在于西周至春秋时期的政治生活之中。

---

① 详见乔清举：《论儒家的祭祀文化及其生态意义》，《现代哲学》，2012年第4期，第93–98页。

② 徐元诰：《国语集解》，王树民、沈长云点校，北京：中华书局，2002年，第5页。

一、“上帝山川百神”

周襄王与晋文公曾经就周代的治国之“大章”进行了一番对话。其基本背景是：晋文公助襄王回都城复位，襄王以土地赐之，而晋文公则请求襄王允许他以隧礼（天子专享之葬礼）下葬，襄王则“不许”，认为其有违先王之制。他说：

> 昔我先王之有天下也，规方千里以为甸服，以供上帝山川百神之祀，以备百姓兆民之用，以待不庭不虞之患。其余以均分公侯伯子男，使各有宁宇，以顺及天地，无逢其灾害。①

周襄王所说的先王之制其实质是君主如何处理三类关系。其中，君主与神、民之间的关系在《国语》中有大量论述，如“事神保民”“民和而后神降之福”②等。不过，襄王这里的“神”明确为“上帝山川百神”，“上帝，天神五帝也。山川，

① 徐元诰：《国语集解》，王树民、沈长云点校，北京：中华书局，2002年，第51—52页。

② 徐元诰：《国语集解》，王树民、沈长云点校，北京：中华书局，2002年，第144页。

五岳河海也。百神，丘陵坟衍之神也。”[1]主要是指自然界的神意力量。周王室大夫内史过也曾论及敬事上帝明神的先王之制，他说：“古者，先王既有天下，又崇立上帝、明神而敬事之，于是乎有朝日、夕月，以教民事君。”[2]周襄王的论述中所蕴含的第三类关系，是周王室与各诸侯之间的关系。在周襄王看来，公侯伯子男等级制度的设立，正是为了协助周天子处理与神、民之间的关系，即是与天地自然和百姓万民之间的关系，以实现“顺及天地，无逢其灾害”的理想状态。

而在实际的政治生活中，君主则不得不应对来自自然界的各种力量，《国语》曾经记载：“灵王二十二年，谷、洛斗，将毁王宫。王欲壅之。”[3]谷、洛是周王城附近的两条河流，分布在王城之南、北。“斗者，两水格”[4]，即二者交汇相激，产生了极大的力量，“谷水盛出于王城之西，而南流合于洛水，毁王

① 徐元诰：《国语集解》，王树民、沈长云点校，北京：中华书局，2002年，第52页。
② 徐元诰：《国语集解》，王树民、沈长云点校，北京：中华书局，2002年，第33—34页。
③ 徐元诰：《国语集解》，王树民、沈长云点校，北京：中华书局，2002年，第92页。
④ 徐元诰：《国语集解》，王树民、沈长云点校，北京：中华书局，2002年，第92页。

城西南，将及王宫”[①]。灵王的对策即是：“欲壅防谷水，使北出也。”[②] 即采取壅填的方式改变谷水的流向。针对此，太子晋提出了劝诫：

晋闻古之长民者，不堕山，不崇薮，不防川，不窦泽。夫山，土之聚也。薮，物之归也。川，气之导也。泽，水之钟也。夫天地成而聚于高，归物于下。疏为川谷，以导其气。陂塘汙庳，以钟其美。是故聚不阤崩，而物有所归。气不沈滞，而亦不散越。是以民生有财用，而死有所葬。然则无夭昏札瘥之忧，而无饥寒乏匮之患，故上下能相固，以待不虞。古之圣王，唯此之慎。[③]

在太子晋看来，山、薮、川、泽各有其职能，君主不能肆意改变其自身的属性，而是要慎重待之，以实现“上下能相

① 徐元诰：《国语集解》，王树民、沈长云点校，北京：中华书局，2002年，第92页。
② 徐元诰：《国语集解》，王树民、沈长云点校，北京：中华书局，2002年，第92页。
③ 徐元诰：《国语集解》，王树民、沈长云点校，北京：中华书局，2002年，第92—93页。

固”。“上”即指“上帝山川百神”，“下”则是指“民生之财用”。“故天无伏阴，地有散阳，水无沈气，火无炎煇，神无间行，民无淫心，时无逆数，物无害生。”①天地没有异常之气候，水无伏积之气，火无炎起之灾，四时寒暑依次而行，螟蝗之属无害民生。他进而说：

度于天地而顺于时动，和于民神而仪于物则，故高朗令终，显融昭明……今吾执政无乃实有所避，而滑夫二川之神，使至于争明以妨王宫，王而饰之，无乃不可乎！……夫见乱而不惕，所残必多，其饰弥章。民有怨乱，犹不可遏，而况神乎？王将防斗川以饰宫，是饰乱而佐斗也，其无乃章祸且遇伤乎！自我先王厉、宣、幽、平而贪天祸，至于今未弭，我又章之，惧长及子孙，王室其愈卑乎！其若之何？②

太子晋已经明确提出“二川之神”，“神”即指其所蕴含

① 徐元诰：《国语集解》，王树民、沈长云点校，北京：中华书局，2002年，第96页。
② 徐元诰：《国语集解》，王树民、沈长云点校，北京：中华书局，2002年，第98—100页。

的自然力量。太子晋提出治理国家所必须遵循的五种准则，称之为“五则”，敬神祇即是其中之一。他说：“上不象天，而下不仪地，中不和民，而方不顺时，不共神祇，而蔑弃五则。是以人夷其宗庙，而火焚其彝器，子孙为隶，不夷于民。”①治理国家必须遵循“五则”，否则便会引起“天祸”而无所弭除。

据《国语·晋语》记载，晋国绛都附近的梁山崩塌。此事,《春秋》亦有记载,《谷梁传》说“梁山崩，壅遏河三日不流”②,《公羊传》称《春秋》记载此事乃“为天下记异也”③。面对如此大异之事，国君召伯宗商议对策。伯宗应召途中遇到一位异人，告诉他：在这种情况下，君主应当衣素缟，出郊外居住，车驾无所文饰，不举乐，以简策之文告天，并大哭三日，如此才能“礼于神”④：

---

① 徐元诰：《国语集解》，王树民、沈长云点校，北京：中华书局，2002年，第101页。
② 《新刊四书五经·春秋三传》（下），北京：中国书店出版社，1994年，第17页。
③ 《新刊四书五经·春秋三传》（下），北京：中国书店出版社，1994年，第17页。
④ 徐元诰：《国语集解》，王树民、沈长云点校，北京：中华书局，2002年，第384页。

梁山崩，……伯宗问曰："乃将若何？"对曰："山有朽壤而崩，将若何？夫国主山川，故川涸山崩，君为之降服出次，乘缦不举，策于上帝，国三日哭，以礼焉。虽伯宗，亦如是而已，其若之何？"①

这段材料所载其实是一种祭祀之礼。《管子·牧民》说："顺民之经，在明鬼神，祗山川，敬宗庙，恭祖旧。"②在儒家的祭祀文化中，确实包含着对于土地、山川神意力量的认识和敬畏的态度。《国语·鲁语》总结能够被纳入祀典的各类对象："加之以社稷、山川之神，皆有功烈于民者也。及前哲令德之人，所以为明质也。及天之三辰，民所以瞻仰也。及地之五行，所以生殖也。及九州名山川泽，所以出财用也。非是不在祀典。"③土地、山川是民众繁衍生息和获取财用的重要基础和来源，因而被纳入国家祀典之中，以表达敬畏和感恩，"祭祀山川

① 徐元诰：《国语集解》，王树民、沈长云点校，北京：中华书局，2002年，第384页。
② 黎翔凤：《管子校注》，梁运华整理，北京：中华书局，2004年，第2—3页。
③ 徐元诰：《国语集解》，王树民、沈长云点校，北京：中华书局，2002年，第161页。

的活动促使人保持对于自然的敬畏，把人和自然通过神意神秘地结合在一起，在历史上起到了保护自然的作用。这种敬畏自然的心态，对于经受过现代化洗礼的人类来说具有重要的意义”①。

二、“或见神以兴，亦或以亡”

公元前662年，周惠王就“有神降于莘”这件事向内史过进行问询。内史过是周大夫，职责是“掌爵禄废置及策命诸侯、孤、卿、大夫也”②。周惠王的疑问首先是“是何故？固有之乎？”内史过的回答简洁而明确：“有之。”③内史过列举了历史上的诸多“明神之志者”，也就是关于“神”的记载，他说：

① 乔清举：《儒家生态思想通论》，北京：北京大学出版社，2013年，第170页。
② 徐元诰：《国语集解》，王树民、沈长云点校，北京：中华书局，2002年，第28页。
③ 徐元诰：《国语集解》，王树民、沈长云点校，北京：中华书局，2002年，第28页。

昔夏之兴也，融降于崇山；其亡也，回禄信于聆隧。商之兴也，梼杌次于丕山；其亡也，夷羊在牧。周之兴也，鸑鷟鸣于岐山；其亡也，杜伯射王于鄗。[①]

从这些材料中，我们可以得出如下认识：其一，内史过所谓的“神”，其表现形式具有多样性，但主要还是指自然之“魅”。融即祝融，是中国上古时期的圣王，被称为火神，相传是他传下火种，教人们使用火的方法；回禄亦是火神，徐元诰引吴曾祺所述：“回禄本名吴回，即祝融也，故曰火神。”[②]徐元诰亦引述了《墨子·非攻》：“天命融隆火于夏之城间西北之隅”[③]，进而指出“当即聆隧地所在”[④]。综合起来看，“回禄信于聆隧”可理解为在夏之城发生的火灾。“《国语》云夏之亡也，以

① 徐元诰：《国语集解》，王树民、沈长云点校，北京：中华书局，2002年，第29—30页。
② 徐元诰：《国语集解》，王树民、沈长云点校，北京：中华书局，2002年，第29页。
③ 徐元诰：《国语集解》，王树民、沈长云点校，北京：中华书局，2002年，第29页。
④ 徐元诰：《国语集解》，王树民、沈长云点校，北京：中华书局，2002年，第29页。

回禄帝命融隆火于夏之城，即帝命雷师以雷火烧夏桀之城也。”[①]这被认为是夏朝灭亡的重要征兆。

梼杌是传说中的一种恶兽，是“四凶”之一。《左传·文公十八年》记载：“颛顼有不才子，不可教训，不知话言，告之则顽，舍之则嚚，傲狠明德，以乱天常，天下之民谓之梼杌。”[②]“次”即在、停留，“梼杌次于丕山”也就是梼杌停留于丕山，而不再四处为恶；“夷羊”亦是神兽，《淮南子·本经训》曰：“江、河、三川绝而不流，夷羊在牧，飞蛩满野。”[③]“牧”即商郊牧野，即武王伐纣的主要战场。“鸑鷟”即凤凰的别称，凤鸣在古代一直被视为一种祥瑞。杜伯是周宣王时的大臣，被周宣王无辜处死，三年后，周宣王与诸侯相会之时，杜伯“衣朱衣，冠朱冠，操朱弓朱矢射宣王”[④]，其中蕴含着灵魂不死的观

---

① ［西汉］焦延寿：《焦氏易林注》，尚秉和注，常秉义点校，北京：光明日报出版社，2005年，例言第4页。

② ［晋］杜预注，［唐］孔颖达正义：《春秋左传正义》，李学勤主编，北京：北京大学出版社，1999年，第581—582页。

③ 刘文典：《淮南鸿烈集解》，冯逸、乔华点校，北京：中华书局，1989年，第248页。

④ 徐元诰：《国语集解》，王树民、沈长云点校，北京：中华书局，2002年，第30页。

念，“杜伯之鬼，白日射死宣王”[①]。

可以发现，内史过所谓的“明神之志者”，其表现形式包含着神兽（梼杌、夷羊、鸑鷟）、灵魂（杜伯）、火灾以及上古圣王（祝融）等内容，具有多样性和神秘性。其中，来自自然界的神意之“魅”占据了主要方面。不过，这些“明神之志”虽然具有浓厚的神秘主义色彩，却并非具有主观意志和至高统治力的人格神，有的还具有偶然性，甚至是事后的总结，这也符合早期原初宗教的一些特点。

其二，就“神”的属性来说，则有吉凶福祸之别，而无论吉凶，“神”的降临或出现总是和人类社会的运行过程具有密切的关联，因此虽然神妙不测，却也没有任何外在的主宰性力量。内史过还对“神降之故”进行了解释：

国之将兴，其君齐明衷正，精洁惠和，其德足以昭其馨香，其惠足以同其民人。神飨而民听，民神无怨，故明神降之，观其政德，而均布福焉。国之将亡，其君贪冒辟邪，淫泆

① ［西汉］焦延寿：《焦氏易林注》，尚秉和注，常秉义点校，北京：光明日报出版社，2005年，例言第4页。

荒怠，粗秽暴虐，其政腥臊，馨香不登，其刑矫诬，百姓携贰。明神不蠲，而民有远志，民神怨痛，无所依怀，故神亦往焉，观其苛慝，而降之祸。是以或见神以兴，亦或以亡。[①]

在这里，内史过描述了民神之间两种不同的关系状态，“或见神以兴，亦或以亡”，其主要的原因在于君主的德性和行为。若君主为政以德使民以惠，则明神降之布施福瑞，国家政治亦会稳定繁荣；反之，如若君主贪婪暴虐，百姓则会离心离德，神则会降之祸端，甚至会引致国家的衰亡。

公元前684年，齐鲁发生长勺之役，曹刿就此与鲁庄公有一段对话：“曹刿问所以战于庄公。公曰：‘余不爱衣食于民，不爱牲玉于神。’”[②] 从庄公的回答可以看出，他认为自己可以获得神与民的支持，这是能够与齐作战的依赖性力量。不过，在曹刿看来，鲁庄公的行为不过是小恩小惠，是末而非本，他说：“夫惠大而后民归之志，民和而后神降之福。若布德于民而均平

① 徐元诰：《国语集解》，王树民、沈长云点校，北京：中华书局，2002年，第28—29页。
② 徐元诰：《国语集解》，王树民、沈长云点校，北京：中华书局，2002年，第143页。

其政事，君子务治而小人务力，动不违时，器不过用，财用不匮，莫不共祀。是以用民无不听，求福无不丰。”[①] 曹刿又提出：“夫苟中心图民，智虽弗及，必将至焉。”[②]“民和而后神降之福”说明民事乃本，神赐则是一种结果。

从整体上看，前述材料体现了西周至春秋早期人们对于民神关系认识的复杂性。可以发现，这一时期人们对于自然界的认知尚处于比较蒙昧和混沌的阶段。一方面，“神”代表着超自然的力量，人们对此保持敬畏甚至畏惧态度；另一方面，人们又试图对这些超自然的不可测的现象进行解释，或者试图通过调整人类的活动去争取福瑞和避免祸端。“不禋于神而求福焉，神必祸之。不亲于民而求用焉，人必违之。精意以享，禋也。慈保庶民，亲也。”[③] 在这一过程中，“事神”与“保民”密切联系在一起，而君主在其中则扮演了重要的角色。

---

① 徐元诰：《国语集解》，王树民、沈长云点校，北京：中华书局，2002年，第144页。
② 徐元诰：《国语集解》，王树民、沈长云点校，北京：中华书局，2002年，第144页。
③ 徐元诰：《国语集解》，王树民、沈长云点校，北京：中华书局，2002年，第31页。

第二节 “事神保民，莫弗欣喜”：政治合法性的神意基础

《国语》开篇记载了周穆王（西周第五代君主）将伐犬戎，而祭公谋父则以先王之制提出劝谏。在祭公看来，武王之所以能够获取庶民的支持，并通过牧野之战完成讨伐商纣王的大业，其根本原因在于其能够“勤恤民隐”，他说：

至于文王、武王，昭前之光明，而加之以慈和，事神保民，莫弗欣喜。商王帝辛大恶于民，庶民不忍，欣戴武王，以致戎于商牧。是先王非务武也，勤恤民隐而除其害也。[1]

---

① 徐元诰：《国语集解》，王树民、沈长云点校，北京：中华书局，2002年，第5—6页。

这部分其实是在“叙述祖德”[1]，也就是说明文王、武王得以立国立政的原则和经验。其实在中国传统政治文化中，开国皇帝对于一个朝代的政治格局和政治命运会产生极大的影响。这种影响有的体现在制度层面，如朱元璋废除丞相，设立内阁；有的则体现在价值观念或行为方式的传承上面，如宋代“不杀大臣及言事官”的“祖宗之法”。“祖宗之法”在历史上往往成为君主和大臣们立论言说的依据，极具权威性。这一点，我们从宋代王安石主持的熙宁变法及晚清康有为的戊戌变法所面临的阻力中即可看出。就其本质而言，祖宗之法其实来自于早期社会的祖先崇拜，这亦是早期宗教的一种重要的形态。也就是说，除了前述“上帝山川百神”之外，“事神”的另外一项重要内容是“叙述祖德”。在实际政治生活中，“祖德”有时甚至可以超越“上帝”。

在谋父的论述中，“神”并非是一种神秘的主宰性力量，也没有鬼怪一般具体的形象，而更多的是一种“神意”，代表着一种政治秩序的合法性基础，是人们虔敬的对象。在这里，

---

① 徐元诰：《国语集解》，王树民、沈长云点校，北京：中华书局，2002年，第5页。

“事神”与“保民”乃是一体的，“保民”是“事神”的根本性要求。

武王“非务武”，而是致力于恤民隐和兴民利，“先王之于民也，懋正其德而厚其性，阜其财求而利其器用，明利害之乡，以文修之，使务时而避害，怀德而畏威，故能保世以滋大”[①]。“性”，有解释为“性情”[②]，不过，更为普遍的观点，是解释为“生”。汪中即说“性与生通”[③]，民性即民生。《左传》中曾有正德、利用、厚生“三事”的记载。徐元诰认为“懋正其德”“厚其性”“阜其财求而利其器用”，即分别对应着“正德”“厚生”“利用”。在徐氏的论述中，更为强调的是“厚生”和“利用”，他引述《左传》中的相关记载说：“夫民生厚而用利，于是正德以幅之。”又说：“时以作事，事以厚生。”[④]韦昭亦解释

① 徐元诰：《国语集解》，王树民、沈长云点校，北京：中华书局，2002年，第2—3页。
② 徐元诰：《国语集解》，王树民、沈长云点校，北京：中华书局，2002年，第2页。
③ 徐元诰：《国语集解》，王树民、沈长云点校，北京：中华书局，2002年，第2页。
④ 徐元诰：《国语集解》，王树民、沈长云点校，北京：中华书局，2002年，第3页。

说："大其财求，不障壅也。"[①] 唯有如此，才能"保世以滋大"，也就是维持社会政治的持续性发展。其最终的目标则是"事神保民，莫弗欣喜"[②]。谋父反对周穆王征讨犬戎，在于此行为违反了先王"耀德不观兵"[③]"夫兵戢而时动"[④]的要求。谋父并非"寝兵"主义者，而是强调"时动"，其包含两个方面的含义：其一，遵循四时，即春夏秋三季务农，冬季讲武，动兵不能违背农时。这一点在周宣王时期亦有相关论述："三时务农，而一时讲武，故征则有威，守则有财。"[⑤] 其二，遵循在礼乐制度基础上所形成的时序，谋父说：

夫先王之制：邦内甸服，邦外侯服。侯、卫宾服，蛮夷要服，戎狄荒服。甸服者祭，侯服者祀，宾服者享，要服者贡，

---

① 徐元诰：《国语集解》，王树民、沈长云点校，北京：中华书局，2002年，第3页。

② 徐元诰：《国语集解》，王树民、沈长云点校，北京：中华书局，2002年，第5页。

③ 徐元诰：《国语集解》，王树民、沈长云点校，北京：中华书局，2002年，第1—2页。

④ 徐元诰：《国语集解》，王树民、沈长云点校，北京：中华书局，2002年，第2页。

⑤ 徐元诰：《国语集解》，王树民、沈长云点校，北京：中华书局，2002年，第21页。

荒服者王。日祭，月祀，时享，岁贡，终王。先王之训也，有不祭则修意，有不祀则修言，有不享则修文，有不贡则修名，有不王则修德。序成而有不至则修刑，于是乎有刑不祭，伐不祀，征不享，让不贡，告不王。于是乎有刑罚之辟，有攻伐之兵，有征讨之备，有威让之令，有文告之辞。布令陈辞而又不至，则增修于德而无勤民于远。是以近无不听，远无不服。①

这段文字所描述的其实是一套秩序完整的礼乐规范，对周边邦国所治理的范围、职责及其所应遵循的礼制，均有详细的规定。具体而言，则体现为对于日祭、月祀、时享、岁贡的遵循。而这些规定所表达的则是对于“祖德”的敬意与崇拜。《礼记·祭法》记载：“天下有王，分地建国，置都立邑，设庙、祧、坛、墠而祭之，乃为亲疏多少之数。是故王立七庙，一坛、一墠，曰考庙，曰王考庙，曰皇考庙，曰显考庙，曰祖考庙，皆月祭之，远庙为祧，有二祧，享尝乃止。去祧为坛，去坛为

① 徐元诰：《国语集解》，王树民、沈长云点校，北京：中华书局，2002年，第6—8页。

墠。坛墠，有祷焉祭之，无祷乃止。去墠曰鬼。”①

所以，无论天子王畿之内，抑或距离王城四五千里的戎狄之地，其最为重要的便是遵循先王之制，维持对于“祖德”的敬畏和崇拜；反之，则会根据其具体的情况来修意、修言、修文、修德乃至修刑。而其最为核心的观念其实是“序成而有不至则修刑”，也即“先礼而后兵”，“攻伐”“征讨”是处于一种礼制的补充和预备的地位，其实质则是“增修于德而无勤民于远”。“攻伐”“征讨”正是“勤民”之大者，是需要体恤的“民隐”。因此，兵动必须以时。

需要指出的是，“事神保民”实际上构成了这一时期国家政治生活中的基本准则。周宣王（周厉王之子）时，虢文公亦将“能媚于神而和于民”②视为国家政治稳定的条件。虢文公是针对宣王不举行籍礼而进行劝诫，籍礼是古代天子举行的一种礼制，所表达的是对土地生殖财用之德的感恩。虢文公说道：“王事惟农是务，无有求利于其官，以干农功。三时务农，而一时

① ［清］朱彬：《礼记训纂》，饶钦农点校，北京：中华书局，1996年，第694页。
② 徐元诰：《国语集解》，王树民、沈长云点校，北京：中华书局，2002年，第21页。

讲武，故征则有威，守则有财。若是，乃能媚于神。而和于民矣，则享祀时至而布施优裕也。”[①] 农事乃是获取财用的基本途径，亦是建立良好民神关系的条件。

整体上看，无论是谋父反对周穆王对犬戎用兵，抑或虢文公规劝周宣王举行籍礼，其内在的价值依据均是为实现“事神保民”。而且，与谋父相似，虢文公视域中的“神”亦指一种代表着政治合法性基础的神意，在他们看来，“保民”即是“事神”。用兵应该遵循时序，不能根据君主的喜好而妄动，否则便会造成民生问题；务农则是积极地发展生产以获取财用，亦是为了实现保民，这是获得神意支持的基本条件。

在前述内史过和曹刿的论述中，“事神保民”同样是需要遵循的基本原则。不过与谋父和虢文公相比，曹刿和内史过所谓的“神”更为具体，更多地体现了自然界的神意和超越性力量，且更强调“神”赏善罚恶的功能，具有一定的功利性特点，反映出其对于“神”的依赖性有所增强。这一变化既体现了人类认识发展的差异性特征，也与当时西周的社会政治形势的变迁

① 徐元诰：《国语集解》，王树民、沈长云点校，北京：中华书局，2002年，第21页。

有密切关系。周穆王是第五代君主，国势尚比较强盛，君主的权威亦可以维持当时的礼乐秩序。而到了宣王、惠王之时，已经进入西周末期和春秋时期，礼乐秩序和君主的权威持续衰落，很难对当时的政治经济秩序构成有效的约束力。在这一背景下，“神”的形象和功能变得具体和广泛起来，成为规范君主和大臣行为的重要约束力量，构成了当时社会政治生活的重要内容。

综上所述，《国语》已经注意到人类活动与自然力量之间的内在关系，并充分认识到在这一关系中人的活动的意义。这种人神关系之间的张力长期存在着，而其枢纽性的力量则在君主对于百姓的态度和行为。君主处于主动地位，而民众虽为本，但更多的是一种被动承担。这表明这一时期人类的自我意识已经觉醒，但尚未普遍至普通民众之中，直到百余年后的楚国，民众对于人神关系的参与才得到了更为广泛的认可。

第三节 “民神异业，敬而不渎”：绝地天通的思想意义

楚国的大臣观射父和左史倚相被视为“楚之所宝者”[①]，其依据则有所差异：观射父“能作训辞，以行事于诸侯”[②]，而左史倚相其中一条重要的依据则是其“能上下说于鬼神，顺道其欲恶，使神无有怨痛于楚国”[③]。不过，在《国语》中，左史倚相“上下说于鬼神”的事迹并不曾见，而围绕着上古时期的民神关系与政教制度，观射父与楚昭王则确实留下了一段影响深远的对话：

① 徐元诰：《国语集解》，王树民、沈长云点校，北京：中华书局，2002年，第526页。

② 徐元诰：《国语集解》，王树民、沈长云点校，北京：中华书局，2002年，第526页。

③ 徐元诰：《国语集解》，王树民、沈长云点校，北京：中华书局，2002年，第526页。

昭王问于观射父，曰："《周书》所谓重、黎实使天地不通者何也？若无然，民将能登天乎？"①

《尚书·周书·吕刑》中确有关于上古时期绝地天通的记载，楚昭王的疑问即是源自于此。其实，《尚书》对于这一事件已经做了较为详细的描述。

若古有训，蚩尤惟始作乱，延及于平民。罔不寇贼鸱义，奸宄夺攘矫虔。苗民弗用灵，制以刑，惟作五虐之刑曰法。杀戮无辜，爰始淫为劓、刵、椓、黥。越兹丽刑并制，罔差有辞。民兴胥渐，泯泯棼棼，罔中于信，以覆诅盟。虐威庶戮，方告无辜于上。上帝监民，罔有馨香德，刑发闻惟腥。皇帝哀矜庶戮之不辜，报虐以威，遏绝苗民，无世在下。乃命重、黎，绝地天通，罔有降格。群后之逮在下，明明棐常，鳏寡无盖。②

① 徐元诰：《国语集解》，王树民、沈长云点校，北京：中华书局，2002年，第512页。
② ［汉］孔安国传，［唐］孔颖达疏：《尚书正义》，李学勤主编，北京：北京大学出版社，1999年，第535—539页。

从《尚书》的描述中，我们可以对整个事件进行大致分析。蚩尤作乱，延及平民，造成的后果便是“苗民弗用灵，制以刑”。孔颖达解释说：“‘灵’，善也。不用善化民，而制以重刑。”[①] 民众深受重刑之苦，社会秩序亦不断恶化，顾炎武指出：“国乱无政，小民有情而不得申，有冤而不见理，于是不得不诉之于神。”[②] 然而，实际情况却是“虐威庶戮，方告无辜于上”，施威者和广大受虐者均向“上帝”表示无辜，这种混淆事实的情况严重阻碍了广大民众向天帝表达合理愿望的途径，“上帝监民，罔有馨香德，刑发闻惟腥”。基于此，“皇帝”选派专职人员“绝地天通”，以实现“鳏寡无盖”。“盖”即是壅蔽、阻隔。“无盖”即是相通，当然不是直接相通，而是通过“皇帝”所设立的重、黎等专职人员与“上帝”相通。整体看来，“皇帝”似乎比“上帝”更能体恤民间之苦，亦更具有辨别是非和赏善罚恶的能力。有学者认为，“上帝”即“皇帝”，“《吕刑》篇成于西周，其时‘帝’只是上帝，‘皇’为美好伟大之意。故本篇之

---

① [汉]孔安国传，[唐]孔颖达疏：《尚书正义》，李学勤主编，北京：北京大学出版社，1999年，第538页。
② [明]顾炎武：《日知录校释》，张京华校释，长沙：岳麓书社，2011年，第81页。

‘皇帝’，指伟大美善的上帝”[①]。这一观点是在强调上古时期统一的上帝信仰。不过需要指出的是，这段文字中的“皇帝”其实是与蚩尤处于同一语境和序列之中的，其基本差别是在治理方式上重德或是重刑。换句话说，“上帝”是“一”，而“皇帝”则是“多”，应该主要是指中国早期社会的各部落联盟的领袖。其实这也是早期宗教的重要形态。这里面大致反映出两种基本情况：其一，上帝信仰依然是当时的主流；其二，世俗的政治权威存在着超越上帝信仰的趋势。

再回到楚昭王之问：“若无然，民将能登天乎？”[②]楚昭王之问其实已经相当具有现代意识的特点了。在楚昭王看来，“天”不可“登”，这里的“天”更多的是指自然之天，与《尚书》中所谓的“绝地天通”中的“天”是截然不同的两种含义。或许，楚昭王并未真正阅读过《尚书》，而只是听闻，故有此问。不过，这也反映出当时的宗教特点：“天帝”“上帝”的观念已经相当淡泊了，而世俗王权的力量则达到了一个新的高度。

---

① 顾颉刚、刘起釪：《尚书校释译论》，北京：中华书局，2005年，第1948页。
② 徐元诰：《国语集解》，王树民、沈长云点校，北京：中华书局，2002年，第512页。

观射父的回答其实代表了他对于“绝地天通”的理解，他说：

古者民神不杂。民之精爽不携贰者，而又能齐肃衷正，其智能上下比义，其圣能光远宣朗，其明能光照之，其聪能听彻之，如是则明神降之，在男曰觋，在女曰巫。……于是乎有天地神民类物之官，是谓五官，各司其序，不相乱也。民是以能有忠信，神是以能有明德，民神异业，敬而不渎，故神降之嘉生，民以物享，祸灾不至，求用不匮。[①]

在观射父的描述下，由民神异业而形成的有序关系并未一直持续下去，而是发生了变化，他进而说道：

及少皞之衰也，九黎乱德，民神杂糅，不可方物。夫人作享，家为巫史，无有要质。民匮于祀，而不知其福。烝享无度，民神同位。民渎齐盟，无有严威。神狎民则，不蠲其为。

① 徐元诰：《国语集解》，王树民、沈长云点校，北京：中华书局，2002年，第512—514页。

嘉生不降，无物以享。祸灾荐臻，莫尽其气。[1]

颛顼受之，乃命南正重司天以属神，命火正黎司地以属民，使复旧常，无相侵渎，是谓绝地天通。[2]

观射父的回答极为详细，整体上而言，他描述了古者民神关系由“民神异业，敬而不渎”[3]到“民神杂糅，不可方物”[4]到“使复旧常，无相侵渎”[5]的演变过程。这三个阶段的主要区别体现在两个方面：其一为“民之精爽者”的德性。当“民之精爽者”能够“不携贰”且“齐肃衷正”[6]之时，则可以实现“神降之嘉生，民以物享，祸灾不至，求用不匮”[7]。而与之相反的

---

① 徐元诰：《国语集解》，王树民、沈长云点校，北京：中华书局，2002年，第 514—515页。

② 徐元诰：《国语集解》，王树民、沈长云点校，北京：中华书局，2002年，第515页。

③ 徐元诰：《国语集解》，王树民、沈长云点校，北京：中华书局，2002年，第514页。

④ 徐元诰：《国语集解》，王树民、沈长云点校，北京：中华书局，2002年，第515页。

⑤ 徐元诰：《国语集解》，王树民、沈长云点校，北京：中华书局，2002年，第515页。

⑥ 徐元诰：《国语集解》，王树民、沈长云点校，北京：中华书局，2002年，第512页。

⑦ 徐元诰：《国语集解》，王树民、沈长云点校，北京：中华书局，2002年，第514页。

一种情境则是“夫人作享，家为巫史，无有要质”[①]，其后果便是“嘉生不降，无物以享。祸灾荐臻，莫尽其气”[②]；其二则在制度层面，也就是设置专门的“天地神民类物之官”以“各司其序”[③]。在观射父看来，“绝地天通”正是“使复旧常”，也就是这种制度的重新恢复。

而需要注意的是，在这三个阶段中亦有两种基本的事实是没有变的。其一，颛顼、尧等先圣、先王在其演变过程中的权威性与主导性。顾颉刚先生指出：“则绝地天通者，人王也。所以绝之者使宗伯与司徒各掌其事而不相乱也。此为以人事解释神话之好例。楚昭王问观射父曰……此为理性发达、对于固有之神话已不能接受，故解释故事者必以人事解释神话，乃能符合当时之理性要求。此可见《吕刑》之作必在极端信神之世，而《楚语》之作已在不甚信神之时。”[④]当然，政治权威并非是

① 徐元诰：《国语集解》，王树民、沈长云点校，北京：中华书局，2002年，第515页。
② 徐元诰：《国语集解》，王树民、沈长云点校，北京：中华书局，2002年，第515页。
③ 徐元诰：《国语集解》，王树民、沈长云点校，北京：中华书局，2002年，第514页。
④ 顾颉刚、刘起釪：《尚书校释译论》，北京：中华书局，2005年，第1950页、第1951页。

在一开始就介入，在第一阶段，“民之精爽者”可以自发地维持一种“民神异业、敬而不渎”的良性发展状态。而“家为巫史”“民匮于祀”的局面开始出现之后，政治权威的影响开始凸显出来，甚至逐渐发展成为主导性的力量。

其二，即“民之精爽者”所具备的沟通明神的能力。观射父说：“古者民神不杂。民之精爽不携贰者，而又能齐肃衷正，其智能上下比义，其圣能光远宣朗，其明能光照之，其聪能听彻之，如是则明神降之，在男曰觋，在女曰巫。”[①] 与内史过所强调的“君之政德”不同，观射父明确肯定了“民”在人神关系中的地位。这种由强调君的“事神保民”到凸显民的智、圣、明、聪的转变，是人们在天地自然面前自我意识普遍觉醒进程中的重要进步。

另外，观射父对于“神”的理解也与内史过不同，他所描述的并非尽是不测之物、不测之事，而更多的是在“神道设教”的意义上形成的人的宗教性活动。他说：“祀所以昭孝息民，抚国家，定百姓也，不可以已。夫民气纵则底，底则滞，滞久而

① 徐元诰：《国语集解》，王树民、沈长云点校，北京：中华书局，2002年，第512—513页。

不震，生乃不殖。其用不从，其生不殖，不可以封。”[①] 这就更加明确地肯定了祭祀对国家的意义。而且在祭祀活动中，人还可以“制神之处位次主，而为之牲器时服”[②]，“神”的神秘性亦在这一过程中逐渐褪去。相比较而言，虽然观射父对于“天”的着墨不多，但无疑天地之序亦已经被视为具有基源性和根本性的力量。由“神”到“天”，则是人们对天人关系认识的又一次发展。

陈来教授曾经对西周时期“天”的观念进行分析，认为其具有“超越的神格”“自然存在”和“宇宙秩序”三种含义，其发展趋势则是：神格信仰逐渐淡化，而向自然和秩序方面“偏移”。他说：“它既可以是超越的神格，又总是同时代表一种无所不在的自然存在和覆盖万物的宇宙秩序，随着神格信仰的淡化，天的理解就有可能向自然和秩序方面偏移。”[③] 乔清举教授指出：“可以说，人类的历史就是一个人情与神意即自然的魅力之

---

① 徐元诰：《国语集解》，王树民、沈长云点校，北京：中华书局，2002年，第518页。

② 徐元诰：《国语集解》，王树民、沈长云点校，北京：中华书局，2002年，第513页。

③ 陈来：《古代宗教与伦理》，北京：生活·读书·新知三联书店，2009年，第216页。

间交往、对话、消长、争执、改造、诠释的历史，是人情不断突破神意的过程。”[①]而这种变化在《国语》中即有清晰的呈现。在春秋后期，随着人们认识和实践能力的提升，对人与自然关系的认识更加系统化，这尤其体现在“人事必将与天地相参”[②]的命题上，既强调了天时、地利的基源性地位，又充分凸显了人的主体性，已经清晰地展现出了天时、地利、人和的辩证统一结构。

---

① 乔清举：《儒家生态思想通论》，北京：北京大学出版社，2013年，第160页。
② 徐元诰：《国语集解》，王树民、沈长云点校，北京：中华书局，2002年，第582页。

第四节 “人事必将与天地相参”：天地人的辩证统一结构

越王勾践处于春秋末期，其与范蠡在谋伐吴国的过程中所形成的关于天人关系的辩证思考，是《国语》中最为精彩的篇章之一。

公元前 493 年，即位三年的勾践意欲讨伐吴国，范蠡进谏说：“夫国家之事，有持盈，有定倾，有节事。……持盈者与天，定倾者与人，节事者与地。……天道盈而不溢，盛而不骄，劳而不矜其功。夫圣人随时以行，是谓守时。天时不作，弗为人客；人事不起，弗为之始。今君王未盈而溢，未胜而骄，不劳而矜其功，天时不作，而先为人客，人事不起，而创为之始，此逆于天而不和于人。王若行之，将妨于国家，靡王躬身。”[①]

在范蠡看来，当国家强盛的时候，应“与天”，具体体现为“随时以行”，遵循“盈而不溢，盛而不骄，劳而不矜其功”[②]的天道。按照韦昭的解释，“与天”即是“法天”。也就是说，在范蠡这里，“与天”其实包含着遵循天时（随时以行）和天德（盈而不溢，盛而不骄，劳而不矜其功）两个层面。对于当时的越国而言，属于“未盈先溢”“未胜而骄”，韦昭将其分别解释为“国未富实而君意盈”“道化未盛而自骄泰”[③]。在这种环境下用兵争勇，乃是“逆谋阴德”[④]，于国于民极为不利。越王不听劝阻，最终落败。

当国家处于倾覆之际时，需要充分发挥人事之用，君臣应该各行其责、各尽其能。越王伐吴失败之后，向范蠡寻求补救之策：“吾不用子之言，以至于此，为之奈何？”[⑤]范蠡则应之以

① 徐元诰：《国语集解》，王树民、沈长云点校，北京：中华书局，2002年，第575—576页。
② 徐元诰：《国语集解》，王树民、沈长云点校，北京：中华书局，2002年，第575页。
③ 徐元诰：《国语集解》，王树民、沈长云点校，北京：中华书局，2002年，575-576
④ 徐元诰：《国语集解》，王树民、沈长云点校，北京：中华书局，2002年，第576页。
⑤ 徐元诰：《国语集解》，王树民、沈长云点校，北京：中华书局，2002年，第577页。

“与人”，即“取人之心”。具体来说，越王应“卑辞尊礼”[①]，“请委管籥，属国家，以身随之，君王制之”[②]。而对于文种和范蠡两位大臣而言，一个留守越国，维持和治理“四封之内，百姓之事”[③]；一个则跟随越王入宦于吴，发挥其“敌国之制，立断之事”[④]的才能，以获取吴王的宽待，并收拾凝聚人心。

当国家需要合理节制以发展生产之时，则需要依赖地利，“惟地能包万物以为一，其事不失，生万物，容畜禽兽，然后受其名而兼其利。美恶皆成，以养其生。”[⑤]而地利的实现则需要以遵循天时为前提条件，并与之相配合，“时不至，不可强生；事不究，不可强成。自若以处，以度天下，待其来者而正之，因时之所宜而定之。同男女之功，除民之害，以避天殃，田野开辟，府仓实，民众殷。无旷其众，以为乱梯。时将有反，事

① 徐元诰：《国语集解》，王树民、沈长云点校，北京：中华书局，2002年，第577页。
② 徐元诰：《国语集解》，王树民、沈长云点校，北京：中华书局，2002年，第577页。
③ 徐元诰：《国语集解》，王树民、沈长云点校，北京：中华书局，2002年，第577页。
④ 徐元诰：《国语集解》，王树民、沈长云点校，北京：中华书局，2002年，第577页。
⑤ 徐元诰：《国语集解》，王树民、沈长云点校，北京：中华书局，2002年，第578页。

将有间，必有以知天地之恒制，乃可以有天下之成利。事无间，时无反，则抚民保教以须之。”①“无旷其众，以为乱梯”是极其重要的观念，“无令空田废业，使人困乏，以生怨乱，为祸阶也”②。因此，在国家政治生活中，应该极力避免“空田”“旷众”等情形的出现，否则可能引起祸乱。《周礼·夏官》曾有记载曰：“暴内陵外则坛之，野荒民散则削之。”③野荒伴随着民散，郑玄解释说：“田不治，民不附。”④这极易引起政局的危机与社会的动荡，甚至对整个社会的延续性发展造成致命的后果。在范蠡看来，此乃“天殃”，应该极力规避。若要收拾人心，必须除民之害，以获取天下之成利，在当时的环境下，则主要表现为农耕之利和人口之利，也就是“五谷睦熟，民乃蕃滋，君臣上下，交得其志”⑤；必须要知晓并遵循天地之恒制，“不乱民

① 徐元诰：《国语集解》，王树民、沈长云点校，北京：中华书局，2002年，第578页。
② 徐元诰：《国语集解》，王树民、沈长云点校，北京：中华书局，2002年，第578页。
③ ［汉］郑玄注，［唐］贾公彦疏：《周礼正义》，李学勤主编，北京：北京大学出版社，1999年，第761—762页。
④ ［汉］郑玄注，［唐］贾公彦疏：《周礼正义》，李学勤主编，北京：北京大学出版社，1999年，第762页。
⑤ 徐元诰：《国语集解》，王树民、沈长云点校，北京：中华书局，2002年，第578页。

功，不逆天时”[①]。范蠡的论述既强调了天时、地利的基源性地位，又充分凸显了人的主体性，体现了天时、地利、人事的内在统一结构。

范蠡从思维方式上对从事农事活动和政治活动的基本要求进行了总结，从而使其具备了普遍性的品格，他说：“因阴阳之恒，顺天地之常，柔而不屈，强而不刚，德虐之行，因以为常；死生因天地之刑，天因人，圣人因天；人自生之，天地形之，圣人因而成之。”[②]《管子》中亦有类似的说法，“天因人，圣人因天。天时不作，勿为客。人事不起，勿为始。慕和其众，以修天地之从。人先生之，天地刑之，圣人成之，则与天同极。正静不争，动作不贰，素质不留，与地同极。”[③]“因”即是范蠡所总结和推崇的一种思维方式，并被其广泛运用于社会政治实践之中。“因”并非简单的因循、凭借，而是在充分把握天时、地利和人事基础上做出的综合判断。乔清举教授曾对“因”

① 徐元诰：《国语集解》，王树民、沈长云点校，北京：中华书局，2002年，第578页。
② 徐元诰：《国语集解》，王树民、沈长云点校，北京：中华书局，2002年，第578—579页。
③ 黎翔凤：《管子校注》，梁运华整理，北京：中华书局，2004年，第885页。

的本质进行了界定，他说："'因'，就是不带先入之见，而以万物为法；同时，'因'是无损无益，即对于事物不增加什么，也不减少什么，如实地反映事物，不带任何主观色彩。"[①] 又说："'因'是顺应、适应自然或者说按照客体的特点而进行活动，而不是征服、破坏甚至消灭自然。"[②] 进而，他将因的智慧表现概括为三个方面："首先是客观地认识交往对象或客体的特点、属性或本质，其次是自觉地认识和把握主体自身的能力，第三是在前二者的基础上采取适当的对应措施。"[③] 毫无疑问，这些特点在范蠡的论述中得到了充分的体现。用范蠡的话说就是"夫人事必将与天地相参，然后乃可以成功"[④]。这一点在后来他协助越王讨伐吴国的过程中得到了贯彻，亦是越国最终成功的重要条件。

经过了数年的隐忍和休养生息之后，越王自返国第四年开

① 乔清举：《儒家生态思想通论》，北京：北京大学出版社，2013年，第258页。
② 乔清举：《儒家生态思想通论》，北京：北京大学出版社，2013年，第258页。
③ 乔清举：《儒家生态思想通论》，北京：北京大学出版社，2013年，第258页。
④ 徐元诰：《国语集解》，王树民、沈长云点校，北京：中华书局，2002年，第582页。

始考虑谋伐吴国，越王对自己过往的行为进行了反思，曰：“先人就世，不穀即位。吾年既少，未有恒常，出则禽荒，入则酒荒，吾百姓之不图，唯舟与车。上天降祸于越，委制于吴。吴人之那不穀，亦又甚焉。吾欲与子谋之，其可乎？”[①] 范蠡当即表示了反对，他说：“未可也。蠡闻之：‘上帝不考，时反是守’，强索者不祥。得时不成，反受其殃。失德灭名，流走死亡。有夺，有予，有不予，王无蚤图。夫吴，君王之吴也，王若蚤图之，其事又将未可知也。”[②] 范蠡所强调的是要“得时”，不能强求，“强索者不祥”；亦需要参之以人事，充分把握和运用之，否则亦会“反受其殃”。

按照《国语》的记载，自此以后，越王每年都会向范蠡询问“谋吴”的事宜，而范蠡反复强调的始终是人事应与天时相适应，并劝诫越王耐心等待。归国第五年，吴国发生了一些变化：“今吴王淫于乐而忘其百姓，乱民功，逆天时，信谗喜优，憎辅远弼。圣人不出，忠臣解骨，皆曲相御，莫适相非，上下

① 徐元诰：《国语集解》，王树民、沈长云点校，北京：中华书局，2002年，第580页。

② 徐元诰：《国语集解》，王树民、沈长云点校，北京：中华书局，2002年，第580页。

相偷”。[①] 范蠡认为此“人事至矣，天应未也”[②]，劝越王“待之”。归国第七年，吴国“稻蟹不遗种”[③]，越王认为是伐吴的大好时机，范蠡则说“天应至矣，而人事未尽也”[④]。此时越王十分震怒，甚至怀疑范蠡是不是在欺骗自己。范蠡进行了分析：“今其祸新民恐，其君臣上下，皆知其资财之不足以支长久也，彼将同其力，致其死，犹尚殆。”[⑤] 又说道：“彼其上将薄其德，民将尽其力，又使之望而不得食，乃可以致天地之殛。”[⑥] 范蠡认为，此时并非最佳时机，无法完成“天地之殛”。从中，我们可以看到范蠡的谨慎和自信，这均是出于他对天应与人事相参时机的判断。

当吴越之间再起战端的时候，范蠡更是将其“因”的思维运用其中，他说：

---

① 徐元诰：《国语集解》，王树民、沈长云点校，北京：中华书局，2002年，第580—581页。
② 徐元诰：《国语集解》，王树民、沈长云点校，北京：中华书局，2002年，第581页。
③ 徐元诰：《国语集解》，王树民、沈长云点校，北京：中华书局，2002年，第582页。
④ 徐元诰：《国语集解》，王树民、沈长云点校，北京：中华书局，2002年，第582页。
⑤ 徐元诰：《国语集解》，王树民、沈长云点校，北京：中华书局，2002年，第582页。
⑥ 徐元诰：《国语集解》，王树民、沈长云点校，北京：中华书局，2002年，第583页。

天道皇皇，日月以为常，明者以为法，微者则是行。阳至而阴，阴至而阳，日困而还，月盈而匡。古之善用兵者，因天地之常，与之俱行。[①]

圣人之功，时为之庸。得时不成，天有还形。天节不远，五年复反，小凶则近，大凶则远。[②]

这已经清晰地展现出了天时、地利、人和的辩证统一结构。成中英曾经分析中国古代“天人合一”思想在现代社会伦理中的重大意义，具体包括三个方面：其一，“天为自然，人为意志”，“两者应有适当的平衡，方成为具体的善。有此善为基础，才能掌握是非善恶的标准，做出正确的决定，实践正义的行为”[③]。其二，“天为整体，人为部分”，“人的作为是要彰显整体的天，而不是要驭使天为一己之私的满足，也就是：人所作所行要处处考虑自己所属的整体，而不可任性任意为所欲为”。

① 徐元诰：《国语集解》，王树民、沈长云点校，北京：中华书局，2002年，第584—585页。

② 徐元诰：《国语集解》，王树民、沈长云点校，北京：中华书局，2002年，第586—587页。

③ 成中英：《论义利之辨与天人合一》，《中国社会科学院研究生院学报》，1998年第1期，第31—35页。

其三，“天为原理，人为方法”，其含义是指：“人不能只就一时的冲动去行为，凡事都必须三思而后行。但所思何事？不外于是否合乎自然，是否合乎整体，是否合乎原理而已，但所谓原理，就是根源、原则、道理与真理，是不外乎整体与自然的，人要掌握此一原理，就要修持自我，认识自我的本性，同时也是使自我更具有认知和掌握原理的能力。”① 在上述材料中，范蠡已经明确提出了“天道”“天地之常”的概念，“常”在这里主要指自然界的法则和规律，也就是日月之“转运亏盈晦明之常”②。陈来先生指出：“这种天道乃是自然无为的宇宙法则，是人应当因顺仿效的行动模式。”③ 也正是“天为原理，人为方法”的体现。其实在范蠡的论述中，还有一个重要的概念需要注意，即“利”，这是一种自然之利，具体则体现为“包万物以为一”“生万物”等命题上。这其实亦是对人的生存方式的说明，即人来自自然，是自然界的一部分，其生存与发展必须依

① 成中英：《论义利之辨与天人合一》，《中国社会科学院研究生院学报》，1998年第1期，第31—35页。
② 徐元诰：《国语集解》，王树民、沈长云点校，北京：中华书局，2002年，第585页。
③ 陈来：《古代思想文化的世界》，北京：生活·读书·新知三联书店，2009年，第85页。

赖于整体的自然环境。毫无疑问，这蕴含着“天为整体，人为部分”的思想观念。人是万物之一，必须要认识到天地之于人的生生之德，同时，在参赞化育的过程中实现自身的价值。这对人类自身的发展亦具有重要的意义，“通过在这个天地人的三位一体中休养其德性，人类就进入了变化与转化的宇宙进程之中。就像宇宙显示了流动与多产的复杂模式，人类也在自身滋养了德性的种子并参与到处在这种不断转化过程之中的人类秩序之中”①。人的主体性正是其“意志”的体现，也就是“天为自然，人为意志”。人必须以天道自然为前提，并在实践中实现二者的动态平衡及更高层次上的统一。可以说，《国语》中的这些论述，为后来的中国思想家对天人之际的探究提供了重要的思想资源。

综上所述，在人与自然的关系这一生态哲学的基本问题上，《国语》中的相关记载充满自然神意与人类理性二者之间极具张力的交织。对于当前的生态治理和生态文明建设来说，保持对自然的敬畏亦成为人们普遍讨论的话题。杜维明指出：“显然，

① ［美］塔克尔、［美］白诗朗：《儒学与生态》，彭国翔、张容南译，南京：江苏教育出版社，2008年，导论第3页。

生态问题促使所有宗教传统重新检讨它们关于地球的预先设定，只作有限的调整以便容纳生态的层面是不够的。我们需要的不是别的，就是把自然神圣化。这可能需要在基本理论上进行重建工作，把地球的神圣性视为天授。在科学家们的呼吁中隐含着这样的暗示，有必要在更扩大的人——神关系中思考有关自然的理论。”[①]《国语》中的上述论述可以提供重要的思想资源。总体来看，从“上帝山川百神”“事神保民”到“人事必将与天地相参”的发展，表明人们对自然的神格信仰逐渐淡化，其实质是人们对自然的理性认识和实践能力的提升。这一过程将贯穿于人类社会发展的整个进程中。“人与自然的关系是一个永恒的话题。天人之际永远要‘究’下去，人和自然的关系借用加达默尔的话来说是处于诠释循环之中，永无止境的。”[②]无疑，《国语》及其展现的思想世界当是其中的重要阶段，具有重要的思想史意义。

---

① 杜维明：《当代儒家人文主义的生态转向》；［美］塔克尔、［美］白诗朗编，《儒学与生态》，彭国翔、张容南译，南京：江苏教育出版社，2008年，第300页。
② 乔清举：《儒家生态思想通论》，北京：北京大学出版社，2013年，第187页。

第三章

《国语》中的生态哲学范畴：对天地自然认识的深化与系统化

在人类之于天地自然的认识和实践过程中，人类的主体性在不断增强，其对于天、人及天人之际的把握亦在不断深入，并逐渐探寻具象性事物背后的本质性关联。而能够反映这种本质性关联的更具抽象性的生态哲学范畴的出现，则是这一发展进程中的重要内容。它是人类在生产生活实践基础上逐渐形成和概括出来的，标志着人类对客观世界的认识的深化。列宁指出，范畴是“帮助我们认识和掌握自然现象之网的网上纽结”[①]。《国语》中的生态哲学范畴以“和实生物”的命题为中心，并丰富了“时”“通”等生态哲学范畴的内涵，充分地展现了和、生、时、通等范畴的生态含义和特点，体现了西周至春秋时期人们对人与自然及其关系认识的深化和系统化，极大地丰富了中国传统生态哲学尤其是儒家生态哲学的范畴体系，具有重要的思想意义和历史意义。

① ［俄］列宁：《哲学笔记》，《列宁全集》第38卷，北京：人民出版社，1960年，第90页。

第一节 “和实生物”的生态意义

“和”字的起源甚早，在甲骨文、金文中已出现，春秋时期已经成为人们普遍使用的概念。如《国语·周语》记载：“物得其常曰乐极，极之所集曰声，声应相保曰和，细大不逾曰平。”[①] 这是指声音的相互配合与协调。这一含义较为常见，《论语》中亦有相关记载，如：“子与人歌而善，必使反之，而后和之。”[②] “和”有时也被用来形容人的身体与气质，如《战国策·赵策》载：“老臣今者殊不欲食，乃自强步，日三四里，少益耆食，和于身也。”[③] 此外，“和”还在更为广泛的意义上使

---

① 徐元诰：《国语集解》，王树民、沈长云点校，北京：中华书局，2002年，第111页。

② ［宋］朱熹：《四书章句集注》，北京：中华书局，2011年，第97页。

③ ［汉］刘向：《战国策》，上海：上海古籍出版社，1985年，第768页。

用，如描述自然界的运行与时序，《礼记·乐记》载："奋至德之光，动四气之和，以著万物之理。"①《礼记·祭义》则曰："日出于东，月生于西，阴阳长短，终始相巡，以致天下之和。"②这其实亦已经涉及人与自然相互适应和统一的关系。《管子·内业》说："凡人之生也，天出其精，地出其形，合此以为人。和乃生，不和不生。"③在社会政治领域，"和"亦有所体现，《管子·君臣下》则曰："主劳者方，主制者圆。圆者运，运者通，通则和。"④这里所描述的是一个安定、有序、祥和的社会政治环境，即我们通常所谓的"政通人和"。

透过上述材料可以发现：无论是物还是人，无论是自然界还是社会政治领域，"和"的意义具有一致性，是一个表征着关系性的范畴，是一种多样性的统一，其追求的是构成一个整体的不同事物或者同一事物内部不同要素之间的一种有序、协调的关系或状态。而随着社会的发展和思考的深入，

① ［清］朱彬：《礼记训纂》，饶钦农点校，北京：中华书局，1996年，第580页。
② ［清］朱彬：《礼记训纂》，饶钦农点校，北京：中华书局，1996年，第708页。
③ 黎翔凤：《管子校注》，梁运华整理，北京：中华书局，2004年，第945页。
④ 黎翔凤：《管子校注》，梁运华整理，北京：中华书局，2004年，第583页。

一些思想家开始探寻“和”在具象性事物背后的普遍性价值，其中最为典型且影响深远的即是春秋时期史伯与郑桓公的一段对话。

一、“和实生物，同则不继”

郑桓公是周厉王的少子、周宣王之弟，后被宣王封于郑国，公元前774年（时周幽王在位）任周王室司徒。郑桓公深得民心，但他认为西周的政治形势可以用“王室多故”[①]来形容。司马迁在《史记·郑世家》中亦有记载：“幽王以褒后故，王室治多邪，诸侯或畔之。”[②]郑桓公对此甚为忧惧，希望向史伯寻求“逃死之方”。史伯的分析与司马迁的描述较为一致。在史伯看来，一方面，周王室“乱而弊”[③]；另一方面，各诸侯国（“王

① 徐元诰：《国语集解》，王树民、沈长云点校，北京：中华书局，2002年，第460页。
② ［汉］司马迁：《史记》，北京：中华书局，2011年，第1583页。
③ 徐元诰：《国语集解》，王树民、沈长云点校，北京：中华书局，2002年，第463页。

之支子母弟甥舅”[1]）以及四边的蛮荆戎狄则多有“骄侈怠慢之心”[2]。基于此，史伯认为“王室将卑”[3]西周“殆于必弊者也”[4]将是不可逆转的必然的趋势，他进而探寻了这种趋势得以形成的更为深层和本质性的根源。

（一）“和实生物”：“成天地之大功”的内在机理

史伯认为，虞、夏、商、周之所以能够立国，就在于其先祖能够“成天地之大功”，他说：

> 夫成天地之大功者，其子孙未尝不章，虞、夏、商、周是也。虞幕能听协风，以成物乐生者也。夏禹能单平水土，以品处庶类者也，商契能和合五教，以保于百姓者也，周弃能播殖百谷蔬，以衣食民人者也。[5]

---

① 徐元诰：《国语集解》，王树民、沈长云点校，北京：中华书局，2002年，第462页。
② 徐元诰：《国语集解》，王树民、沈长云点校，北京：中华书局，2002年，第463页。
③ 徐元诰：《国语集解》，王树民、沈长云点校，北京：中华书局，2002年，第460页。
④ 徐元诰：《国语集解》，王树民、沈长云点校，北京：中华书局，2002年，第470页。
⑤ 徐元诰：《国语集解》，王树民、沈长云点校，北京：中华书局，2002年，第466页。

“协风”也就是“和风”，“听协风”也就是能“知和风”，这是“因时顺气，以成育万物，使之乐生”[①]的前提条件。“夏禹能单平水土”指的是大禹治水，这在《尚书》《论语》等中国古代文化典籍中有大量的记载。《尚书·尧典》说：“帝曰：‘咨！四岳，汤汤洪水方割，荡荡怀山襄陵，浩浩滔天。下民其咨，有能俾乂？’佥曰：‘於！鲧哉。’帝曰：‘吁！咈哉，方命圮族。’岳曰：‘异哉！试可乃已。’帝曰：‘往，钦哉！’九载，绩用弗成。”[②]这段文字介绍了大禹治水的基本背景，尧曾经任用鲧去治理“荡荡怀山襄陵，浩浩滔天”之洪水，九年而功未成。到了舜时，禹受帝命去平治水土，并因平治水土之功，被舜封为“百揆”。

舜曰：“咨！四岳，有能奋庸熙帝之载，使宅百揆，亮采惠畴？”佥曰：“伯禹作司空。”帝曰：“俞，咨！禹，汝平

① 徐元诰：《国语集解》，王树民、沈长云点校，北京：中华书局，2002年，第466页。
② ［汉］孔安国传，［唐］孔颖达疏：《尚书正义》，李学勤主编，北京：北京大学出版社，1999年，第40—41页。

水土，惟时懋哉！”[1]

“百揆”总揽朝政，必须由“信立其功，于事能顺者”[2]来担当，而大禹正是因其平治水土之功，而获得了人们的认可和推崇。

“和合五教”意味着人们社会生活中基本的政治秩序和伦理关系的形成，“播殖百谷蔬”则意味着人类社会早期农业生产实践活动的开展。“在生态学的视野中，人与自然的关系是其核心问题，是其他具体问题展开的基本前提。而在人类活动的诸多领域中，农业是人类向自然获取生存和生活资料最初，也是最基本的途径。”[3]在晚清康有为的视域中，“和合五教”和“播殖百谷蔬”则可以分别纳入礼教伦理和事物制作两个方面。“礼教伦理立，事物制作备，二者人道所由立也。礼教伦理，德行也；

---

① ［汉］孔安国传，［唐］孔颖达疏：《尚书正义》，李学勤主编，北京：北京大学出版社，1999年，第73页。

② ［汉］孔安国传，［唐］孔颖达疏：《尚书正义》，李学勤主编，北京：北京大学出版社，1999年，第73页。

③ 王士良：《天时、地利、物性、人力的四位一体：论徐光启〈农政全书〉中的农业生态观及其思想史意义》，《自然辩证法研究》，2017年第7期，第92—96页。

事物制作，道艺也。”[①] 这对于人类社会发展和人类文明演进无疑具有重要的意义。

可见，史伯所谓的“成天地之大功”，体现于人类认识和改造自然活动的多个领域之中，其实质是充分利用天地自然的基源性条件，通过“平治水土”“播植百谷”等人类的活动实现万物各得其宜、各乐其生。这是人与自然的关系在人类生产实践活动之中的体现。史伯进而论述了“成天地之大功”的内在机理和普遍性规律，即必须遵循“和实生物”的原则。他说：

夫和实生物，同则不继。以他平他谓之和，故能丰长而物归之。若以同裨同，尽乃弃矣。故先王以土与金木水火杂，以成百物。[②]

这里已经从本体的意义上把“和”视为万物化生的基本原则和方式。首先，“和实生物”，“生物”是“和”的根本目的

① 康有为：《教学通义》，《康有为全集》（第一集），北京：中国人民大学出版社，2007年，第20页。

② 徐元诰：《国语集解》，王树民、沈长云点校，北京：中华书局，2002年，第470页。

和趋势，“和”则是“生物”的基本方式。“生”有两层含义：其一是指生命的化生、养护，即“生生”，这是一个动态的过程；其二是指生命存在的状态以及生命体之间相互的关联，即“生态”，这是一个相对静态的阶段。其次，“以他平他谓之和”，“他”就是指“他者”，是一个统一体内部的不同要素，各要素之间互为“他者”，“他者”之间相互依存、相辅相成的关系以及构成这种关系的过程则是“平”。“以他平他”是实现“和实生物”的必要条件。杨国荣教授认为，这体现了“和”的天道观的意义，“从天道观上看，‘和’主要被理解为事物生成、运行、存在的条件和方式”[①]。关于此，亦有学者将“和实生物”称为“和生”之理，其体现出的是一种“生存维度”，是“先民对万物生成的形上理解”和“先民视野中的世界图式”[②]。

（二）“和”与“生”：天道—人道的贯通与普遍遵循

在中国传统哲学中，“生生”天然地就包含着“生态”的含

① 杨国荣：《作为哲学范畴的“和”——“和”的哲学阐释》，《中国哲学史》，2001年第2期，第24—28页。

② 张永路：《〈国语〉和合思想论析——从〈越语〉“天地人相参”说起》，《理论界》，2016年第9期，第19—24页。

义。“生生”的概念出自《易传》，即“天地之大德曰生”[①]“生生之谓易”[②]。“易”是古人从对天地自然的长期观察中抽象出来的概念范畴，用以描述宇宙存在和运行的基本方式，具有本体论意义。“易”即是变化、运动、流转，其最核心的要素即是“生生”，也就是持续的新的生命创生和维系的过程，“‘生’的含义很丰富，包括给予生命、出生、生养、生长以及变化、更新、恒常、进化等内容。出生是各类生物的诞生，生养是得到滋养、养育，生长是使生物成长壮大，变化是生长中的改变与更新，使事物呈现出崭新的面貌；这符合进化的思想”[③]。对于个体而言，“生”蕴含着它的否定性环节——“死”，而对于由天地万物构成的整体而言，“生生”的过程从未间断和停止。同时，在这一过程中，不同的生命体甚至非生命体之间还构成一种“共生”关系，日月星辰、土地山川、草木鸟兽、人类共同构成了宇宙的美好图景与秩序。此即“和实生物”的基本含义。

---

① ［魏］王弼撰：《周易注校释》，楼宇烈校释，北京：中华书局，2012年，第246页。
② ［魏］王弼撰：《周易注校释》，楼宇烈校释，北京：中华书局，2012年，第237页。
③ 乔清举：《儒家生态思想通论》，北京：北京大学出版社，2013年，第217—218页。

因此，“和”是“生生”的基础和前提条件，亦是“生生”的最终目的和发展趋势。

对于“生”“生生”的理解离不开对于“生命”这一概念的把握，乔清举教授基于对通行的生命定义的反思，创造性地提出了极具生态意义的新生命观。新生命观提出生命概念的三个特点，具体包含广泛性、层级性和家族类似性，这是对生命概念的“新扩展”。生命的“广泛性”是指“生命的特征普遍表现于宇宙万物之中”，“在生命的广泛性的范畴下，对于泥土、岩石、河流、山脉、太阳、地球、地球的生物圈、生态圈是不是有生命等问题，答案都是肯定的，只不过它们的生命特征和规定性不尽相同而已”[①]。生命的“层级性”则意味着“不同物体所表现出的生命的形式、特征或特点各不相同”，“如土、石具有自我保持性，山脉往往具有生长性，人的遗传基因 DNA 具有自我复制的功能等。这些不同形式的生命构成生命的层级体系”[②]。生命的“层级性”与“整体性”是密切相关的，“整体性的概念对于理解生命现象具有十分重要的意义。不仅一个在时

① 乔清举：《河流的文化生命》，郑州：黄河水利出版社，2007年，第18页。
② 乔清举：《河流的文化生命》，郑州：黄河水利出版社，2007年，第18页。

空上孤立的个体是一个整体，而且一个环境系统、一个生物群落等在时空上分离的组织群落也都可以视为一个完整的整体，直至整个地球全体、宇宙全体，都可以视为一个整体”[①]。生命的“家族类似性”首先肯定生命所具有的“存在和不存在”这一“最简单、最普遍”的含义，“任何事物，只要具备从存在到消亡的过程，无论是自我发展的结果还是外在影响的结果，都可以说具有一定意义的生命”[②]。而除此之外，则“把生命看作一个没有唯一的、固定的、决定性的本质”[③]。可以说，这一界定重新确立了人类观察自然万物的视角和方式，具有重要的生态意义，“由此出发就会发现，自然中许多事物都具有生命的某些或不少特征，它们无疑都是一定限度的生命形式。这使我们对于生命的认识扩大化，把许多事物都纳入生命的范畴进行考察，重新确立与它们的关系”[④]。总体而言，新生命观对于当前的生态哲学建构和生态治理亦具有重要的思想意义与实践意义，“新生命观

---

① 乔清举：《河流的文化生命》，郑州：黄河水利出版社，2007年，第18—19页。
② 乔清举：《河流的文化生命》，郑州：黄河水利出版社，2007年，第20页。
③ 乔清举：《河流的文化生命》，郑州：黄河水利出版社，2007年，第20页。
④ 乔清举：《河流的文化生命》，郑州：黄河水利出版社，2007年，第22页。

的意义在于给予大地、山川、河流等一定的生命意义，维持它的生命，维护它的权利，把它作为伦理主体，促使人类改变与自然界的交往方式，把道德共同体的范围扩大到自然界的生物、无机非生物界，由此建立新型的人与自然的关系”①。这为生态哲学中的生态共同体思想亦提供了理论资源，下文将会详述。

当然，“和实生物”中的“物”并不局限于自然界中的草木、鸟兽、土地、山川，亦包含人类社会政治生活中的事物、伦理、制度等，可以说是从天道贯通至人道，“是以和五味以调口，刚四支以卫体，和六律以聪耳，正七体以役心，平八索以成人，建九纪以立纯德，合十数以训百体。出千品，具万方，计亿事，材兆物，收经入，行姟极”②。而“和”则是其生成与衍化的共同原则和方式。

由天地自然之道落实到社会政治领域，“生生”就体现为“崇德而广业”③。“德”即生生之德，“业”则涵盖人类社会生产

---

① 乔清举：《河流的文化生命》，郑州：黄河水利出版社，2007年，第27页。
② 徐元诰：《国语集解》，王树民、沈长云点校，北京：中华书局，2002年，第470—471页。
③ ［魏］王弼撰：《周易注校释》，楼宇烈校释，北京：中华书局，2012年，第238页。

的经济、政治、文化、教育等诸多方面，“故王者居九畡之田，收经入以食兆民，周训而能用之，和乐如一。夫如是，和之至也。于是乎先王聘后于异姓，求财于有方，择臣取谏工，而讲以多物，务和同也。声一无听，色一无文，味一无果，物一不讲”①。《国语·周语》中亦有相关的论述：“古者，先王既有天下，又崇立上帝、明神而敬事之，于是乎有朝日、夕月，以教民事君。诸侯春秋受职于王，以临其民。大夫、士日恪位著，以儆其官。庶人、工、商各守其业，以共其上。犹恐其有坠失也，故为车服旗章以旌之，为贽币瑞节以镇之，为班爵贵贱以列之，为令闻嘉誉以声之。”②在这里，“和”是政治制度和社会秩序得以良性运行的内在原则。在史伯看来，西周之所以“殆于必弊者也”，根本原因即在于周王违背了“和实生物”的基本要求，是“去和而取同”，“今王弃高明昭显，而好谗慝暗昧，恶角犀丰盈，而近顽童穷固。去和而取同”③。

① 徐元诰：《国语集解》，王树民、沈长云点校，北京：中华书局，2002年，第472页。
② 徐元诰：《国语集解》，王树民、沈长云点校，北京：中华书局，2002年，第33—34页。
③ 徐元诰：《国语集解》，王树民、沈长云点校，北京：中华书局，2002年，第470页。

“崇德”是“广业”的前提和要求。也就是说，人类为维持自身的生存发展而进行的生产生活实践必须遵循“生生”的原则和要求，实现人与自然的和谐统一。唯有如此，才是具有可支撑性和可持续性的发展。这就意味着，人类社会的运行和自然界的演化在这里获得了一种内在统一性，即统一于“和实生物”这一原则之中。

因此可以说，“和实生物”是贯穿于自然界和人类社会的一种“自然生态秩序”，“生态系统以及其内部的各种构成因素乃是依照一定的规律而运行。这一过程最终指向或呈现出一种有序化的状态，可称之为自然生态秩序”[①]。这也应该成为当前生态治理和生态社会建构的基本原则。一般而言，生态社会具备如下特征：“生态社会首先意味着优质的生存环境（包括自然环境和社会环境），这是生态社会最直观、最外在的特征；其次，生态社会还是一种秩序规范，规范人类认识、改造世界的活动；最重要的，生态社会是一种价值观念，即人与自然的互相尊重，

① 王士良：《现代生态社会构建的三重维度》，《中国国情国力》，2013年第8期，第39—41页。

和谐统一。”[①] 实际上，生态社会的构建本身是人类的一种主体性活动，必须遵从天地自然演化的普遍规律和内在机理。

（三）“五行之杂”到“阴阳之和”：人的理性认识能力的进一步提升

史伯的论述中将“土与金、木、水、火杂”视为百物生成的基本方式，土、金、木、水、火在中国文化中被统称为“五行”。在史伯这里，“土”似乎更居于基础性的地位。《国语·鲁语》中记载：“地之五行，所以生殖也。”[②] 这里的“地”主要指大地，土则是五行之一，《尚书》说：“土爰稼穑。”[③]《说文解字》说：“土，地之吐生万物者也。”[④] 肯定了土的生殖意义。不过，在人类的生产实践中，土的生殖意义的实现亦需要和金、木、水、火这几种元素“杂”而用之，也就是“合”而用之，这是“和实生物”的体现。对此，《左传》中亦有记载：“天生

① 王士良：《现代生态社会构建的三重维度》，《中国国情国力》，2013年第8期，第39—41页。
② 徐元诰：《国语集解》，王树民、沈长云点校，北京：中华书局，2002年，第161页。
③ ［汉］孔安国传，［唐］孔颖达疏：《尚书正义》，李学勤主编，北京：北京大学出版社，1999年，第301页。
④ ［汉］许慎撰，［清］段玉裁注：《说文解字注》，上海：上海古籍出版社，1981年，第682页。

五材，民并用之，废一不可。”[①] 杜预解释说，“五材”，即“金、木、水、火、土也”[②]。此外，《左传》中还说：“物生有两、有三、有五、有陪贰。故天有三辰，地有五行，体有左右，各有妃耦。”[③] 此处的“两”“三”“五”“陪贰”均是多样性的体现，“三”“五”分别指天文（三辰）和地理（五行），而“两”“陪贰”实际上指物之阴阳，《道德经》说“万物负阴而抱阳”[④]。其中，“两”是指事物内部要素的内在关系，“陪贰”则是内部事物与外部事物构成的对立统一关系。在中国传统文化中，阴阳、五行均是人们认识和把握宇宙万物的基本方式，董仲舒即说：“天地之气，合而为一，分为阴阳，判为四时，列为五行。”[⑤] 在这里，“和”即体现为阴阳二气运行的状态和趋势，“‘和’是阴阳之气在往来、屈伸、相摩、相荡、相感、相应、吸引、排

---

① ［晋］杜预注，［唐］孔颖达正义：《春秋左传正义》，李学勤主编，北京：北京大学出版社，1999年，第1065页。
② ［晋］杜预注，［唐］孔颖达正义：《春秋左传正义》，李学勤主编，北京：北京大学出版社，1999年，第1065页。
③ ［晋］杜预注，［唐］孔颖达正义：《春秋左传正义》，李学勤主编，北京：北京大学出版社，1999年，第1528页。
④ ［魏］王弼注：《老子道德经注》，楼宇烈校释，北京：中华书局，2011年，第120页。
⑤ ［清］苏舆撰：《春秋繁露义证》，钟哲点校，北京：中华书局，2002年，第362页。

斥的过程中达到的和谐、协调的状态，是天地之气不可见的适当配合，由此达成万物生生不息的生态结果”①。相较于五行之“杂”，这无疑更具抽象性和普遍性。这一点，在《国语·周语》中亦有所记载：

幽王二年，西周三川皆震。伯阳父曰：“周将亡矣！夫天地之气，不失其序；若过其序，民乱之也。阳伏而不能出，阴迫而不能烝，于是有地震。今三川实震，是阳失其所而镇阴也。”②

这是伯阳父对于地震的解释，在他看来，天地之间气之运行遵循着一定的秩序，这种秩序其实正是阴阳相互运动和协调的结果。如果用前述史伯的话解释，即是阴阳之间的运动其实正是“以他平他”实现“和”的过程。地震即是天地之气“失序”“失和”的结果。关于此，乔清举教授分析：“伯阳父用来

① 乔清举：《儒家生态思想通论》，北京：北京大学出版社，2013年，第193页。
② 徐元诰：《国语集解》，王树民、沈长云点校，北京：中华书局，2002年，第26页。

解释地震的'天地之气'只是一种气，不与晦明、阴阳并列，具有抽象概念的形态；他又把天地之气进一步分为阴阳两个方面或两种性质，认为地震是由于阴阳失去了秩序。这表明在他那里，阴阳是气的普遍性质，不是两种不同的气。这样，气和阴阳就都上升为抽象的普遍概念。"① 无疑，这是人类理性认识能力提升的体现。

二、"政象乐，乐从和，和从平"

"政象乐，乐从和，和从平"② 出自《国语·周语》，这是周景王与单穆公、伶州鸠之间围绕乐文化产生的一段对话。这处材料亦集中体现了"和"的含义与意义，其基本背景是：周景王准备铸造无射钟与大林钟，"作无射，为大林以覆之"③，单穆

① 乔清举：《儒家生态思想通论》，北京：北京大学出版社，2013年，第178页。
② 徐元诰：《国语集解》，王树民、沈长云点校，北京：中华书局，2002年，第111页。
③ 徐元诰：《国语集解》，王树民、沈长云点校，北京：中华书局，2002年，第107页。

公与伶州鸠则提出劝诫。其中，伶州鸠说道：

> 夫政象乐，乐从和，和从平。声以和乐，律以平声。金、石以动之，丝、竹以行之，诗以道之，歌以咏之，匏以宣之，瓦以赞之，草木以节之。物得其常曰乐极，极之所集曰声，声应相保曰和，细大不逾曰平。如是而铸之金，磨之石，系之丝木，越之匏竹，节之鼓，而行之以遂八风。于是乎气无滞阴，亦无散阳。阴阳序次，风雨时至，嘉生繁祉，人民和利，物备而乐成，上下不罢，故曰乐正。①

伶州鸠的劝诫可以从两个层面来解释：其一，乐自身的作用机理与基本规定，其核心是“和”与“平”，具体体现为“物得其常”（金石、丝竹、诗、歌、匏、瓦、革木等器物能够发挥其性能）、“极之所集”（前述器物之性能得以汇集、融合）、“声应相保”（声律相安）、“细大不逾”（细大之声不相逾越、掩盖）这几个方面；其二，乐与天地自然、社会政治相关联的意

① 徐元诰：《国语集解》，王树民、沈长云点校，北京：中华书局，2002年，第111页。

义。《礼记》记载："乐者，天地之和也。"① 这是乐与天地自然的关联。乔清举教授曾经论述了儒家的乐文化的生态意义，他说："儒家文化认为，乐依赖于气的运行，乐的目的应该服从于并致力于气的运行的'和'以及天地的'和'。这样，儒家乐文化便天然地包含有生态的维度。"② 在上述伶州鸠的劝诫中，"气无滞阴，亦无散阳，阴阳序次，风雨时至"即是"乐正"的重要条件。此外，"乐正"的实现与社会政治亦有关联，也就是"嘉生繁祉，人民和利，物备而乐成，上下不罢"。单穆公即主要从这个层面对周景王进行劝诫，他明确提出："政成生殖，乐之至也。"③

夫乐不过以听耳，而美不过以观目，若听乐而震，观美而眩，患莫甚焉。夫耳目，心之枢机也，故必听和而视正。听和则聪，视正则明，聪则言听，明则德昭，听言昭德，则能思虑

① ［清］朱彬：《礼记训纂》，饶钦农点校，北京：中华书局，1996年，第569页。
② 乔清举：《儒家生态思想通论》，北京：北京大学出版社，2013年，第198页。
③ 徐元诰：《国语集解》，王树民、沈长云点校，北京：中华书局，2002年，第110页。

纯固。以言德于民，民歆而德之，则归心焉。上得民心，以殖义方，是以作无不济，求无不获，然则能乐。夫耳内和声，而口出美言，以为宪令，而布诸民，正之以度量，民以心力，从之不倦，成事不贰，乐之至也。口内味而耳内声，声味生气。气在口为言，在目为明，言以信名，明以时动，名以成政，动以殖生，政成生殖，乐之至也。①

单穆公的论述主要指向乐之于国家政治和社会生活的功能和意义。在他看来，乐的功能具有两个层次，分别为“能乐”与“乐之至”。

其一，“能乐”是指依靠“心之枢机”的思虑功能来规范和引导耳目之欲，这里主要强调的是乐的节制、节度方面的含义。“夫钟声以为耳也，耳所不及，非钟声也。犹目所不见，不可以为目也。夫目之察度也，不过步武尺寸之间，其察色也，不过墨丈寻常之间。耳之察和也，在清浊之间，其察清浊也，不过一人之所胜。是故先王之制钟也，大不出钧，重不过石。律

① 徐元诰：《国语集解》，王树民、沈长云点校，北京：中华书局，2002年，第109—110页。

度量衡于是乎生，小大器用于是乎出，故圣人慎之。”[①] 通过律、度、量、衡以及小大器用，“乐”可以实现“听和而视正”，而“听言昭德”，如此则能够促进“思虑纯固”。《礼记》曾提出“德音之谓乐”[②]，反之，“乐”同样可以促进“德”的提升，也就是“昭德”，“德者，性之端也；乐者，德之华也”[③]。这里其实已经涉及乐的工夫论意义，“知乐，则几于礼矣。礼乐皆得，谓之有德”[④]。“是故知声而不知音者，禽兽是也。知音而不知乐者，众庶是也。唯君子为能知乐。”[⑤] 在单穆公看来，君主如果“言德于民”，而民亦“歆而德之”，这样便能获得民心的广泛支持。

其二，“乐之至”则是一种更为普遍化的要求，也就是“以为宪令，而布诸民”“名以成政，动以殖生”。这里是强调“乐”之于国家政治生活和生产实践的意义。《礼记》记载：“故

① 徐元诰：《国语集解》，王树民、沈长云点校，北京：中华书局，2002年，第108页。
② ［清］朱彬：《礼记训纂》，饶钦农点校，北京：中华书局，1996年，第590页。
③ ［清］朱彬：《礼记训纂》，饶钦农点校，北京：中华书局，1996年，第582页。
④ ［清］朱彬：《礼记训纂》，饶钦农点校，北京：中华书局，1996年，第562页。
⑤ ［清］朱彬：《礼记训纂》，饶钦农点校，北京：中华书局，1996年，第562页。

天子之为乐也，以赏诸侯之有德者也。德盛而教尊，五谷时熟，然后赏之以乐。故其治民劳者，其舞行缀远；其治民逸者，其舞行缀短。”[①] 可见，“乐之至”更多地与“治民”联系在一起。关于“天子之为乐”，《礼记》还记载有上古及三代时期的圣王所作之乐，也就是“六代之乐”：“《大章》，章之也。《咸池》，备矣。《韶》，继也。《夏》，大也。殷、周之乐尽矣。”[②] 孔颖达解释：

“《大章》，章之也”者，章，明也。尧乐谓之《大章》者，言尧之德章明于天下也。“《咸池》，备矣”者，咸，皆也。池，施也。《咸池》，黄帝之乐名，言黄帝之德皆施被于天下，无不周遍，是为备具矣。“《韶》，继也”者，韶，舜乐名。言舜之道德能继绍于尧也。“《夏》，大也”者，《夏》禹乐名，言禹能光大尧、舜之德。“殷，周之乐尽矣”者，殷乐，谓汤之《大濩》也。周乐，谓周之《大武》也，言

① ［清］朱彬：《礼记训纂》，饶钦农点校，北京：中华书局，1996年，第574页。
② ［清］朱彬：《礼记训纂》，饶钦农点校，北京：中华书局，1996年，第574页。

于人事尽极矣。但自夏以前，皆以文德王有天下，殷、周二代，唯以武功为民除残伐暴，民得以生，人事道理尽极矣。①

圣王之乐“德皆施被于天下”“民得以生”，正类于“政成生殖”，这是“乐之至”的体现。在此处，乐亦获得了其另外一层意义，即快乐，也就是所谓的“夫乐者，乐也”②，而且是“君子乐得其道”③之“乐”，而非“小人乐得其欲”④之“乐”。这不仅仅是一种感官上的“和平之声”，更是民生之和乐以及更为普遍的天地自然之和乐。唯有如此，才是一种持续性的、稳定的天地秩序，“大昭小鸣，和之道也。和平则久，久固则纯，纯明则终，终复则乐，所以成政也，故先王贵之”⑤。因此，乐亦符合“和实生物”的内在机理，具有重要的政治意义和生态意义。

---

① ［汉］郑玄注，［唐］孔颖达疏：《礼记正义》，李学勤主编，北京：北京大学出版社，1999年，第1100—1101页。
② ［清］朱彬：《礼记训纂》，饶钦农点校，北京：中华书局，1996年，第582页。
③ ［清］朱彬：《礼记训纂》，饶钦农点校，北京：中华书局，1996年，第582页。
④ ［清］朱彬：《礼记训纂》，饶钦农点校，北京：中华书局，1996年，第582页。
⑤ 徐元诰：《国语集解》，王树民、沈长云点校，北京：中华书局，2002年，第123页。

塔克尔和白诗朗指出，儒家的宇宙论具有“有机的整体论”和“动态的活力论”两个特点，“作为儒家的一个重要组成部分，在其最宽泛的意义上，中国的自然主义表现为一种有机的整体论和一种动态的活力论”①。而“和实生物”的命题，恰是这两种特点的集中体现。“和”即体现了有机整体性的特点。“儒家的有机整体论指的是这样一个事实：宇宙被看作一个巨大的有机整体，而不是分离的机械部分。自然被看作统一的、彼此联系的、相互渗透的，不断地将小宇宙和大宇宙关联起来。”②而动态的活力论则认为“宇宙是一个自我生成的有机过程”③，也就是儒家哲学中所描述的“生生”的过程。“‘生生’（生产与再生产）这个词被用于儒学和新儒学的文本中，它构成了一种细致复杂的意识，即变化是生命系统网络——矿物、植物、动物和人——互动和保持连续性的基础。”④儒家哲学的这一特点具有

① ［美］塔克尔、［美］白诗朗：《儒学与生态》，彭国翔、张容南译，南京：江苏教育出版社，2008年，导论第2页。
② ［美］塔克尔、［美］白诗朗：《儒学与生态》，彭国翔、张容南译，南京：江苏教育出版社，2008年，导论第2页。
③ ［美］塔克尔、［美］白诗朗：《儒学与生态》，彭国翔、张容南译，南京：江苏教育出版社，2008年，导论第2页。
④ ［美］塔克尔、［美］白诗朗：《儒学与生态》，彭国翔、张容南译，南京：江苏教育出版社，2008年，导论第2—3页。

重要的生态意义，“它有机的整体论和动态的活力论使我们能够欣赏到万物之间的相互联系，更新我们对这个复杂的生命网络的内在价值的意识”[①]。因此可以说，“和实生物”既是一种思维方式，亦是人和万物的存在方式，其对于中国文化具有深远的意义。

① ［美］塔克尔、［美］白诗朗：《儒学与生态》，彭国翔、张容南译，南京：江苏教育出版社，2008年，导论第4页。

第二节 “圣人之功，时为之庸”：“时”的生态意义

除了上述共时性的统一性关系之外，“和”还体现在一种历时性的时间时序关系之中。乔清举教授曾对中国儒家文化对于“时”的认识与现代“时间”概念之间存在的差异进行了辨析，他说：“现代的时间观念通常指以牛顿时空观为基础的、线性地匀速流逝的抽象时间；儒家的时间的主要含义则不是抽象的时间，而是天道运行所表现出来的节奏、节律、顺序以及由这种节律所决定的应该采取的行动。”① 这其实包含着对于天道与人道的规定性，具有“综合性”的特点。“时”的这种“综合性”特

① 乔清举：《儒家生态思想通论》，北京：北京大学出版社，2013年，第248页。

点，在《国语》中亦具有充分的体现。如《国语》中提出“审其四时”[①]“助时”[②]“圣人之功，时为之庸”[③]等观念，具有重要的思想意义。

一、“审其四时”

天道运行的节奏、节律、顺序首先比较直观地体现在“四时”的观念之中，孔子说：“天何言哉？四时行焉，百物生焉。”[④]这是对天道运行的整体性和稳定性的说明。《管子》说：“令有时。无时则必视顺天之所以来。五漫漫，六惛惛，孰知之哉！唯圣人知四时。不知四时，乃失国之基。不知五谷之故，国家乃路。……是故阴阳者，天地之大理也。四时者，阴

① 徐元诰：《国语集解》，王树民、沈长云点校，北京：中华书局，2002年，第220页。
② 徐元诰：《国语集解》，王树民、沈长云点校，北京：中华书局，2002年，第145页。
③ 徐元诰：《国语集解》，王树民、沈长云点校，北京：中华书局，2002年，第586页。
④ ［宋］朱熹：《四书章句集注》，北京：中华书局，2011年，第168页。

阳之大经也。刑德者，四时之合也。刑德合于时则生福，诡则生祸。”[①]《说文》说：“时，四时也。”[②]孔颖达说：“‘天地之道’者，谓四时也，冬寒、夏暑、春生、秋杀之道。若气相交通，则物失其节。物失其节，则冬温、夏寒、秋生、春杀。君当财节成就，使寒暑得其常，生杀依其节，此天地自然之气，故云‘天地之道’也。‘天地之宜’者，谓天地所生之物各有其宜。……故人君辅助天地所宜之物，各安其性，得其宜。”[③]春夏秋冬四时的运行凝聚了古人之于天地自然万物的感知，“四时的轮转将无限的时间纳入有限的循环，于是，时间也就有了可触的质感。在传统社会里，民众眼中的春夏秋冬不仅是自然时序代换的标志，而且是生命机体变化的符记”[④]。

据《国语·齐语》记载，齐桓公曾经向管仲请教“成民之

---

① 黎翔凤：《管子校注》，梁运华整理，北京：中华书局，2004年，第837—838页。

② ［汉］许慎撰，［清］段玉裁注：《说文解字注》，上海：上海古籍出版社，1981年，第302页。

③ ［魏］王弼注，［唐］孔颖达疏：《周易正义》，李学勤主编，北京：北京大学出版社，1999年，第66页。

④ 萧放：《天时与人时——民众时间意识探源》，《湖北大学学报（哲学社会科学版）》，2004年第5期，第582—586页。

事”①，也就是如何使士、农、工、商四民各致其业、各尽其责。管仲提出的建议是“四民者勿使杂处”②，即不要使其混杂聚居，否则“其言哤”“其事易”③，就是说会引起言论纷乱，其职事亦会受到相互干预而无法成事。进而，管仲向齐桓公建议士、农、工、商四民分别“群萃而州处”④，从而各尽其职事而不混杂。如关于士，管仲说：“令夫士，群萃而州处。闲燕则父与父言义，子与子言孝，其事君者言敬，其幼者言悌，少而习焉，其心安焉，不见异物而迁焉。是故其父兄之教不肃而成，其子弟之学不劳而能。夫是故士之子恒为士。”⑤

通过比较可以看出，在管仲的具体规定中，除了士聚集一起相与讲求君臣、父子、兄弟之伦，敬、义、孝、弟之教之外，

---

① 徐元诰：《国语集解》，王树民、沈长云点校，北京：中华书局，2002年，第219页。
② 徐元诰：《国语集解》，王树民、沈长云点校，北京：中华书局，2002年，第219页。
③ 徐元诰：《国语集解》，王树民、沈长云点校，北京：中华书局，2002年，第219页。
④ 徐元诰：《国语集解》，王树民、沈长云点校，北京：中华书局，2002年，第219页。
⑤ 徐元诰：《国语集解》，王树民、沈长云点校，北京：中华书局，2002年，第219—220页。

其他工、商、农三者，其首要的基本遵循均是“四时”，工应“审其四时”[①]，商、农应“察其四时”[②]。

关于工，管仲指出：

令夫工，群萃而州处，审其四时，辨其功苦，权节其用，论比协材，旦暮从事，施于四方，以饬其子弟，相语以事，相示以巧，相陈以功。少而习焉，其心安焉，不见异物而迁焉。是故其父兄之教不肃而成，其子弟之学不劳而能。夫是，故工之子恒为工。[③]

据《汉书·食货志》所载，中国古代“四民”中的“工民”所从事的主要是“作巧成器”[④]之事，“审其四时”则主要有两方面的体现：其一，“器”的质料或材料，也就是“辨

① 徐元诰：《国语集解》，王树民、沈长云点校，北京：中华书局，2002年，第220页。
② 徐元诰：《国语集解》，王树民、沈长云点校，北京：中华书局，2002年，第220—221页。
③ 徐元诰：《国语集解》，王树民、沈长云点校，北京：中华书局，2002年，第220页。
④ ［汉］班固：《汉书》第二册，北京：中华书局，2012年，第1026页。

其功苦”“论比协材”；其二，“器”的功用，也即“权节其用”。这两个方面都需要符合“四时”的要求。比如，关于制器所需的自然条件，《考工记》记载说：“草木有时以生，有时以死；水有时以凝，有时以释。”[①] 再比如春耕时期需要播种的器具，秋忙时期需要收获的器具，冬季则多储藏的器具，等等。

关于商，管仲则说：

令夫商，群聚而州处，察其四时，而监其乡之资，以知其市之贾，负、任、担、荷，服牛轺马，以周四方，以其所有，易其所无，市贱鬻贵，旦暮从事于此，以饬其子弟，相语以利，相示以赖，相陈以知贾。少而习焉，其心安焉，不见异物而迁焉。是故其父兄之教不肃而成，其子弟之学不劳而能。夫是故商之子恒为商。[②]

---

① 徐元诰：《国语集解》，王树民、沈长云点校，北京：中华书局，2002年，第220页。
② 徐元诰：《国语集解》，王树民、沈长云点校，北京：中华书局，2002年，第220—221页。

商民主要从事“通财鬻货”[1]之事，是通过“以其所有，易其所无”来实现“施其物用于四方”，同时“市贱鬻贵”以求利。其核心是需要充分了解其“乡之资”与“四方”之用，而这些往往以四时之节律为依据。就其本质而言，商民并不从事生产，因此甚依赖于从事器物制作的工人和从事“辟土殖谷”[2]的农民。其中，农事活动与四时的关联更为密切，“凡有地牧民者，务在四时，守在仓廪。国多财则远者来，地辟举则民留处，仓廪实则知礼节，衣食足则知荣辱。……不务天时则财不生，不务地利则仓廪不盈”[3]。管仲论述说：

令夫农，群聚而州处，察其四时，权节其用，耒、耜、枷、芟。及寒，击草除田，以待时耕；及耕，深耕而疾耰之，以待时雨，时雨既至，挟其枪、刈、耨、镈，以旦暮从事于田野，脱衣就功，首戴茅蒲，身衣袯襫，霑体涂足，暴其发肤，尽其四支之敏，以从事于田野。少而习焉，其心安焉，不见异

① ［汉］班固：《汉书》第二册，北京：中华书局，2012年，第1026页。
② ［汉］班固：《汉书》第二册，北京：中华书局，2012年，第1026页。
③ 黎翔凤：《管子校注》，梁运华整理，北京：中华书局，2004年，第2—3页。

物而迁焉，是故其父兄之教不肃而成，其子弟之学不劳而能。夫是故农之子恒为农，野处而不慝。其秀民之能为士者，必足赖也。①

耒、耜、枷、芟是中国古代农业活动常备的器具，耒、耜用于翻土，枷用于脱谷，芟用于收割。“权节其用”也就是“平节其器用小大倨句之宜也”②，即在四时运行的过程中，农民需要因时而用之，从事除田、深耕等活动。在冬季大寒时节，需要除去田地里的枯草，清理田地，等待春耕；立春之后，就要深耕细作，平整土地，以待时雨播种，“时雨至，当种也”③；播种之后，这一年持续性的农事活动也就开始了，“以旦暮从事于田野”。在这个过程中，时节时令正是他们的自然遵循，甚至需要“身衣袯襫”在雨中劳作，抑或在烈日炎炎中“暴其发肤”。对于统治者而言，“尽其四支之敏，以从事于田野”并且能够做

① 徐元诰：《国语集解》，王树民、沈长云点校，北京：中华书局，2002年，第221页。
② 徐元诰：《国语集解》，王树民、沈长云点校，北京：中华书局，2002年，第221页。
③ 徐元诰：《国语集解》，王树民、沈长云点校，北京：中华书局，2002年，第221页。

到“野处而不慝”的，乃是农民中的“秀民”，是可以“以士待之”的，他们是国家重要的依赖。关于如何为政养民，管仲还进一步劝诫齐桓公：

相地而衰征，则民不移；政不旅旧，则民不偷；山泽各致其时，则民不苟；陆、阜、陵、墐、井田、畴均，则民不憾；无夺民时，则百姓富；牺牲不略，则牛羊遂。①

“相地”也就是要观察土地的肥沃贫瘠状况及其出产产品的差异性，并以之作为征收赋税的依据。“山泽各致其时”是强调适度、符合时令及自然规律地入山林川泽从事樵采渔猎以获取相应的资源。陆、阜、陵、墐、井田、畴均是具体的土地形态，也就是“相地”的结果或结论，其分配使用宜遵循平均原则。“无夺民时”“牺牲不略”亦是对君主的要求，即不能因兴兵、工事等活动而破坏农业生产的时序，不能过多地征收财富、牺牲祭品而消耗农户的牛羊等生产资料。这体现了一种因地制

① 徐元诰：《国语集解》，王树民、沈长云点校，北京：中华书局，2002年，第227—228页。

宜与可持续发展的观念，是中国农政思想中一以贯之的重要传统，具有普遍的生态意义。

二、“助时”与“时儆”

“助时”的观念出自《国语·鲁语》，“土发而社，助时也。收捃而蒸，纳要也”[①]。春分时节，土气发动，适时举行社礼有助于农时；收获时节则举行冬祭，意味着收纳五谷，“休农夫也”[②]。这同样是因天时的体现，不过“助时”更为强调人类活动的主体性。《国语·鲁语》记载，鲁宣公曾经在某年的夏天置网于泗水深处以取鱼，鲁国大夫里革则“断其罟而弃之”[③]，并对鲁宣公进行了劝诫，他说：“古者大寒降，土蛰发，水虞于是乎讲罛罶，取名鱼，登川禽，而尝之庙，行诸国，助宣气也。鸟

① 徐元诰：《国语集解》，王树民、沈长云点校，北京：中华书局，2002年，第145页。
② 徐元诰：《国语集解》，王树民、沈长云点校，北京：中华书局，2002年，第145页。
③ 徐元诰：《国语集解》，王树民、沈长云点校，北京：中华书局，2002年，第167页。

兽孕，水虫成，兽虞于是乎禁罝罗，矠鱼鳖以为夏槁，助生阜也。”[①] 这里提出的“助宣气”与“助生阜”，其实质亦是“助时”，“它所直接根据之‘时’与其说是以人为中心，按人的需求来安排的，毋宁说是按照大自然的节奏、万物生命的节律来安排的，亦即按四季来安排的。”[②] 中国古人将时序、气候、作物的习性进行了综合考量，形成了指导农业事务的二十四节气。比如，明代农学家徐光启在其著名的《农政全书》中总结甘薯的种植时间，即注重与节气联系在一起，他说：“藏种必于霜降前，下种必于清明后。更宜留一半，于谷雨后种之，恐清明左右，尚有薄凌微霜也。”[③] 从更普遍的意义上来说，农时是人们对于自然的一种认知，同时，对人们的行为具有规制意义。唯有因时，人们才能在农业生产活动中获取自然所提供的能够维持人类生存和发展的资源，才能恰切地处理与自然的关系。

---

① 徐元诰：《国语集解》，王树民、沈长云点校，北京：中华书局，2002年，第167—169页。

② 何怀宏：《儒家生态伦理思想述略》，《中国人民大学学报》，2000年第2期，第32—39页。

③ ［明］徐光启：《农政全书》（中），《徐光启全集》（第7册），朱维铮、李天纲主编，上海：上海古籍出版社，2011年，第560页。

《国语·周语》还记载了一种“时儆”的观念。周定王曾经派单襄公至宋国聘问，途中曾假道陈国。单襄公通过在陈国的所见所闻得出“陈侯不有大咎，国必亡”①的结论。单襄公的分析可以说是结合“先王之教”与陈国的具体情境而做出的综合性判断。他说：“夫辰，角见而雨毕，天根见而水涸，本见而草木节解，驷见而陨霜，火见而清风戒寒。”②这里所描述的是一种以“天辰”为中心的自然时序，这亦逐渐发展成为人们时间意识的重要参照和人类活动的重要遵循。“在对物候变化进行经验观察之后，人们逐渐注意到天象与气候、物候之间的对应关系。注意的目光转向了浩瀚的天穹，在那里寻找引发世间万物时序变化的根源。经过世代的观察揣摩，人们终于发现地上的自然季节转换与天穹中的日月星辰位置变化有直接的关系，世间的时令变化受制于天文，日月星辰成为人们确定时间流转的重要参照物。”③这其实意味着人类生产实践和理性认知能力的极

① 徐元诰：《国语集解》，王树民、沈长云点校，北京：中华书局，2002年，第63页。
② 徐元诰：《国语集解》，王树民、沈长云点校，北京：中华书局，2002年，第63—64页。
③ 萧放：《天时与人时——民众时间意识探源》，《湖北大学学报（哲学社会科学版）》，2004年第5期，第582—586页。

大提升。角、天根、本、驷、火均属于二十八宿，其流转、变化往往与气候条件的变迁相关联。角宿出现意味着雨气结束，寒露即至；天根出现意味着“水潦尽竭”；本出现意味着草木逐渐凋零；天驷出现意味着霜降；火即心宿，其出现则意味着冷气即至，告诫人们备寒。与之相适应，人类的生产生活亦需要做出适应性的准备和调整。

故先王之教曰：“雨毕而除道，水涸而成梁，草木节解而备藏，陨霜而冬裘具，清风至而修城郭。”故《夏令》曰：“九月除道，十月成梁。”其时儆曰：“收而场功，偫而畚梮，营室之中，土功其始。火之初见，期于司里。”此先王所以不用财贿而广施德于天下者也。①

“德”其实正是“生生”之德，“时儆”则是“因时警戒”，即必须依自然之时序行人道之事，从中获取财用，以养护众生。

---

① 徐元诰：《国语集解》，王树民、沈长云点校，北京：中华书局，2002年，第64—66页。

三、“圣人之功，时为之庸”

前述范蠡在协助越王征伐吴国的过程中关于天人之际的论述亦充满了诸多关于“时”的辩证思考，包含有“时不至，不可强生”[①]“不乱民功，不逆天时”[②]，以及“圣人随时以行”[③]“圣人之功，时为之庸”[④]等思想观念。

总体来看，范蠡是在多个层面上使用“时”的概念。“时不至，不可强生”“不乱民功，不逆天时”主要体现于农事活动之中，这是“与地”以“成天下之利”的内在要求和基本原则。他说：“惟地能包万物以为一，其事不失，生万物，容畜禽兽，然后受其名而兼其利。美恶皆成，以养其生。时不至，不可强生；事不究，不可强成。”[⑤]又说：“四封之内，百姓之事，时节

① 徐元诰：《国语集解》，王树民、沈长云点校，北京：中华书局，2002年，第578页。
② 徐元诰：《国语集解》，王树民、沈长云点校，北京：中华书局，2002年，第578页。
③ 徐元诰：《国语集解》，王树民、沈长云点校，北京：中华书局，2002年，第575页。
④ 徐元诰：《国语集解》，王树民、沈长云点校，北京：中华书局，2002年，第586页。
⑤ 徐元诰：《国语集解》，王树民、沈长云点校，北京：中华书局，2002年，第578页。

三乐，不乱民功，不逆天时，五谷睦熟，民乃蕃滋，君臣上下，交得其志。”[①]在范蠡的论述中，“民功”与“天时”是密不可分的，是国家社会政治秩序得以维持和有序运行的基础性前提。

除了农业活动之外，“时”还广泛存在于实际的国家政治生活之中。越王第一次伐吴之前，范蠡提出劝诫：“夫圣人随时以行，是谓守时。天时不作，弗为人客；人事不起，弗为之始。”[②]这里的“天时”是在比较广泛的意义上使用的，是与“人事”相对的，指由人事无法干预的客观基础性条件共同构成的一种“时机”“时遇”，具有变动性，稍纵即逝，“这‘时’的表现可谓‘变动不居，上下无常’，因而使不精于此道者莫名其妙，往往动辄得咎”[③]。“守时”即意味着对于这种“时机”“时遇”的认识与把握，并以之引导和规范人事活动，亦称为“从时”，“从时者，犹救火、追亡人也。蹶而趋之，唯恐弗及”[④]。

① 徐元诰：《国语集解》，王树民、沈长云点校，北京：中华书局，2002年，第578页。

② 徐元诰：《国语集解》，王树民、沈长云点校，北京：中华书局，2002年，第575页。

③ 张祥龙：《中国古代思想中的天时观》，《社会科学战线》，1999年第2期，第61—72页。

④ 徐元诰：《国语集解》，王树民、沈长云点校，北京：中华书局，2002年，第584页。

这尤其体现在作战用兵的军事实践之中，范蠡说：“臣闻古之善用兵者，赢缩以为常，四时以为纪，无过天极，究数而止。天道皇皇，日月以为常，明者以为法，微者则是行。阳至而阴，阴至而阳，日困而还，月盈而匡。”[①]“四时”之运行，日月之明、微、困、盈，无疑具有重要的时间含义，是影响军事实践的重要因素。

此外，范蠡还提出“时将有反，事将有间”，也就是天时会在一定条件下出现反转。依此，当越王战败之后，他劝诫越王要“卑辞尊礼”“抚民保教”以隐忍，并等待天时的反转，“时反是守，强索者不祥”[②]。而当越王复仇成功，吴王卑辞请和之时，范蠡亦劝诫说：“圣人之功，时为之庸。得时弗成，天有还形。天节不远，五年复反，小凶则近，大凶则远。”[③]“形”即“刑”，也就是“得时不成，反受其殃”[④]。

---

① 徐元诰：《国语集解》，王树民、沈长云点校，北京：中华书局，2002年，第584—585页。
② 徐元诰：《国语集解》，王树民、沈长云点校，北京：中华书局，2002年，第580页。
③ 徐元诰：《国语集解》，王树民、沈长云点校，北京：中华书局，2002年，第586—587页。
④ 徐元诰：《国语集解》，王树民、沈长云点校，北京：中华书局，2002年，第580页。

其实，当越王灭吴之后，范蠡功成身退亦是“得时”的体现。他说：“为人臣者，君忧臣劳，君辱臣死。”[①] 因此，会稽之败后，他尽心辅佐越王，以分担其忧辱；而当“事已济矣”时，他并未听从越王“与子分国”的许诺，而是坚持“君行制，臣行意”[②]，最终“乘轻舟以浮于五湖”[③]。可以说，范蠡是“深通易理天时”[④] 之人，并将其充分运用于国家和个人的“生存时境”之中。这其实体现了中国古代特有的天人合一的综合性时间观念。张祥龙教授指出：

中国古人“仰观于天”的长久热情在其他文明古国也有，但中国人由此不仅发展出测时的历法和作预言的占星术，而且将这种比较外在意义上的“天时”转化到人的生存领会和行为态势中来，发展出了一种天人相参的时机化的时间观。中国人

① 徐元诰：《国语集解》，王树民、沈长云点校，北京：中华书局，2002年，第588页。
② 徐元诰：《国语集解》，王树民、沈长云点校，北京：中华书局，2002年，第588页。
③ 徐元诰：《国语集解》，王树民、沈长云点校，北京：中华书局，2002年，第588页。
④ 张祥龙：《中国古代思想中的天时观》，《社会科学战线》，1999年第2期，第61—72页。

真正看重的既非物质自然之天，亦非主体之人，而是在其中摩荡生发着的生存时境。①

乔清举教授指出：“‘时’是自然的一种存在形式……‘因时’是适应自然，与之交往、打交道的一种方式，是切入运行着的自然的方式。”②这其实亦已涉及中国古人的生存空间和存在方式，亦是一种与天地自然相互交往的方式。

① 张祥龙：《中国古代思想中的天时观》，《社会科学战线》，1999年第2期，第61—72页。
② 乔清举：《儒家生态思想通论》，北京：北京大学出版社，2013年，第252页。

第三节 “川，气之导也”与“政不行，何以导民”：“通”与“导”的生态意义

儒家自然哲学的“动态的活力论”特点还体现在“通”“导”这两个范畴之中。“川，气之导也”出自《国语·周语》。周灵王二十二年，谷水、洛水合流相交，将淹及王宫西南。周灵王要“壅川”，也就是采取壅填的方式改变谷水的流向。对此，太子晋提出了劝诫。他说：

夫山，土之聚也。薮，物之归也。川，气之导也。泽，水之钟也。夫天地成而聚于高，归物于下。疏为川谷，以导其气。陂塘汙庳，以钟其美。是故聚不阤崩，而物有所归。气不沈滞，而亦不散越。是以民生有财用，而死有所葬。然则

无夭昏札瘥之忧，而无饥寒乏匮之患，故上下能相固，以待不虞。[①]

太子晋的劝诫中提到了四种自然物：山、薮、川、泽。其中，川为河流，泽为湖泊，泽无水称为薮，也就是说，这三者其实均是指水。《易传》说，“山泽通气”[②]。朱子解释说：“泽气升于山，为云，为雨，是山通泽之气；山之泉脉流于泽，为泉，为水，是泽通山之气。是两个之气相通 。”[③]综合来看，“川，气之导也”在此处更多地强调水的不同形态之间的转换，以及在此转换过程中对于天地自然的滋养功用。在五行之中，水的存在形态是立体化的，上至云雨，中有湖泊河流，下则有泉脉，而且最具流动性，其不同形态之间也不断流动和转化。当然，其中最显著的就是川流，孔子在近距离接触了川流之后发

① 徐元诰：《国语集解》，王树民、沈长云点校，北京：中华书局，2002年，第93页。

② ［魏］王弼撰：《周易注校释》，楼宇烈校释，北京：中华书局，2012年，第259页。

③ ［宋］黎靖德：《朱子语类》第5册，王星贤点校，北京：中华书局，1994年，第1971页。

出“逝者如斯夫！不舍昼夜”[1]的感叹。朱子认为此处是在描述“天地之化”：“天地之化，往者过，来者续，无一息之停，乃道体之本然也。然其可指而易见者，莫如川流。”[2]因此，对于水，人类应该遵循其基本规律。太子晋还从古之圣王的政治和生产实践中寻求依据，他对大禹治水的基本原则和方式进行了论述。在太子晋看来，大禹正是采取了“高高下下，疏川导滞”的方式进行治水，从而“合同四海”。

其后伯禹念前之非度，厘改制量，象物天地，比类百则，仪之于民，而度之于群生。共之从孙四岳佐之，高高下下，疏川导滞，钟水丰物，封崇九山，决汩九川，陂鄣九泽，丰殖九谷，汩越九原，宅居九隩，合通四海。[3]

“象物天地”是大禹治水所遵循的基本原则，“疏川导滞”则是大禹治水的基本方式。对此，《孟子》中亦有较为详尽

① ［宋］朱熹：《四书章句集注》，北京：中华书局，2011年，第108页。
② ［宋］朱熹：《四书章句集注》，北京：中华书局，2011年，第108页。
③ 徐元诰：《国语集解》，王树民、沈长云点校，北京：中华书局，2002年，第95—96页。

的论述：

当尧之时，水逆行，泛滥于中国。蛇龙居之，民无所定。下者为巢，上者为营窟。《书》曰："洚水警余。"洚水者，洪水也。使禹治之，禹掘地而注之海，驱蛇龙而放之菹。水由地中行，江、淮、河、汉是也。险阻既远，鸟兽之害人者消，然后人得平土而居之。①

在孟子的描述下，大禹治水的基本方式即通过"掘地而注之海"以实现"水由地中行"，也就是要依据地形地势而行，这与太子晋所述甚为相似。乔清举教授详尽地分析了大禹治水之于中华民族的思想意义，他说："大禹治水充分发挥了水流就下的性质，充分利用了地势的便利。这就是'因'的智慧。……'因'是中华民族的根源性智慧，来自大禹治水。'因'也可以说是中华民族与河流交往、对话的方式，也是中华民族的存在方式。"②

① ［宋］朱熹：《四书章句集注》，北京：中华书局，2011年，第252—253页。
② 乔清举：《河流的文化生命》，郑州：黄河水利出版社，2007年，第74页。

因此，在太子晋看来，灵王“壅川”有违先王之道，只会“饰乱而佐斗”[①]，无法从根本上解决问题，反而可能会引致天祸。徐光启在《农政全书》中引俞汝为《荒政要览》说：“川主流，泽主聚。川则从源头达之，泽则从委处蓄之。川流淤阻，其害易见，人皆知濬治者。万顷之湖，千亩之荡，堤岸颓坏，鲜知究心。甚有纵豪强阻塞，规觅小利者。不知泽不得川不行，川不得泽不止。二者相为体用。”[②]这清晰地指出了川、泽各自的属性及其内在关联。

而且，水的流动既是其基本的存在方式，亦是其滋养天地万物的方式。太子晋所谓“夫天地成而聚于高，归物于下。疏为川谷，以导其气”其实正是指此意。这里的“气”已经具备了更为普遍的意义，指的是天地之气。乔清举教授指出：“这意味着河流与其他自然现象根据气的流通而构成一个统一的整体。这种一体性是万物生长以至于社会政治稳定的必要条件。”[③]

---

① 徐元诰：《国语集解》，王树民、沈长云点校，北京：中华书局，2002年，第99页。

② ［明］徐光启：《农政全书》（上），《徐光启全集》（第6册），朱维铮、李天纲主编，上海：上海古籍出版社，2011年，第230页。

③ 乔清举：《论儒家自然哲学的“通”的思想及其生态意义》，《社会科学》，2012年第7期，第113—123页。

《尚书》中说“水曰润下”[①]，即是水的一种流动和滋养万物的方式。周幽王二年，泾、渭、洛三川地区发生了地震。伯阳父认为这是西周灭亡的征兆，他论述说：“今三川实震，是阳失其所而镇阴也。阳失而在阴，川源必塞，源塞，国必亡。夫水土演而民用也。土无所演，民乏财用，不亡何待！……夫国必依山川，山崩川竭，亡之征也，川竭山必崩。”[②]在伯阳父看来，地震会引致山崩，而山、川之间存在着密切关联，“山崩”会引致“川竭”，就是会影响到川的导气功能。因为山是土之聚，山川之间的关联实际上亦包含了水土之间的关系。“水曰润下”即是水之于土的意义，“水土演”才能提供生殖，“水土气通为演，演犹润也。演则生物，民得用之。”[③]这是国计民生最为基本的自然条件。反之，则会缺乏财用，最终亡国，“水气不润，土枯不养，故乏财用。”[④]徐光启引《荒政要览》曰：“水利之在

① ［汉］孔安国传，［唐］孔颖达疏：《尚书正义》，李学勤主编，北京：北京大学出版社，1999年，第301页

② 徐元诰：《国语集解》，王树民、沈长云点校，北京：中华书局，2002年，第26—27页。

③ 徐元诰：《国语集解》，王树民、沈长云点校，北京：中华书局，2002年，第26页。

④ 徐元诰：《国语集解》，王树民、沈长云点校，北京：中华书局，2002年，第26页。

天下，犹人之血气然，一息之不通，则四体非复为有矣。故大而江河川泽，微而沟洫畎浍，其小大虽不同，而其疏通导利，不可使一息壅阏则一也。”[①] 这无疑道出了水之“疏通”与“导利”之间的内在关系。

《国语》中亦有“宣气”的记载，指的是天地之气的另外一种表现。《国语·鲁语》记载：“古者大寒降，土蛰发，水虞于是乎讲罛罶，取名鱼，登川禽，而尝之庙，行诸国，助宣气也。”[②] 水虞是一种官职，掌管川泽禁令。这段材料描述了天时（大寒）、水中物（名鱼、川禽）、土中物（土蛰）以及人的活动（取名鱼、登川禽、助宣气）之间的相互关联。“土蛰发”是指土中蛰伏的虫子苏醒萌动，一般是在天气转暖、阳气发动之时。此时适当捕抓一些川禽亦有助于水中之阳气的宣泄。《汉书》亦论述了“顺时而取物”与“顺时而宣气”的辩证关系：“草木未落，斧斤不入于山林；豺獭未祭，罝网不布于壄泽；鹰隼未击，矰弋不施于徯隧。既顺时而取物，然犹山不茬蘖，泽不伐夭，

① ［明］徐光启：《农政全书》（上），《徐光启全集》（第6册），朱维铮、李天纲主编，上海：上海古籍出版社，2011年，第231页。
② 徐元诰：《国语集解》，王树民、沈长云点校，北京：中华书局，2002年，第167—168页。

蠓鱼麛卵，咸有常禁。所以顺时宣气，蕃阜庶物，稸足功用，如此之备也。”①

据乔清举教授的研究，《国语》中所记载的“川，气之导也”“水土演”“宣气”等思想，实际上都是儒家自然哲学中“通”的范畴在自然界不同实体之间的具体体现。他指出：“在儒家哲学中，气是实体性、运动性和功能性的统一。它不是固定不动的，而是在不同物体之间不停地循环和流动着的。‘通’即以气为基础，是气的流动，是‘通气’。这是世界能够存在并能产生生命的基础。”②而当“通气”的观念成为人们实践行为的基本准则的时候，实际上亦已经体现出了自然规律与人类社会政治运行机制的关系。《国语·周语》记载了非常著名的邵公谏周厉王弭谤的故事。周厉王因其暴政而广受国人的指责，其派专人监察，以致“国人莫敢言，道路以目”③。在邵公看来，周厉王并没有从根本上真正弭谤，而是

---

① ［汉］班固：《汉书》第四册，北京：中华书局，2012年，第3161页。

② 乔清举：《论儒家自然哲学的“通”的思想及其生态意义》，《社会科学》，2012年第7期，第113—123页。

③ 徐元诰：《国语集解》，王树民、沈长云点校，北京：中华书局，2002年，第11页。

"障之"，阻塞了国人的言论自由，其后果不堪设想。他说：

防民之口，甚于防川。川壅而溃，伤人必多。民亦如之。是故为川者决之使导，为民者宣之使言。①

又说：

民之有口也，犹土之有山川也，财用于是乎出。犹其有原隰衍沃也，衣食于是乎生。口之宣言也，善败于是乎兴。行善而备败，其所以阜财用衣食者也。夫民虑之于心而宣之于口，成而行之，胡可壅也！若壅其口，其与能几何？②

邵公所说的"为川者决之使导"与前述材料所表达的观念是一致的，"导，通也"③，肯定了"通"的自然意义："通是自

① 徐元诰：《国语集解》，王树民、沈长云点校，北京：中华书局，2002年，第11页。
② 徐元诰：《国语集解》，王树民、沈长云点校，北京：中华书局，2002年，第12—13页。
③ 徐元诰：《国语集解》，王树民、沈长云点校，北京：中华书局，2002年，第11页。

然正常运行的必要条件。”[1]而他所谓的“为民者宣之使言”则已经涉及“通”的社会政治意义，也就是说，“通”同样是人类社会正常运行的必要条件。在邵公看来，“民虑之于心而宣之于口”，“民言”其实是“民虑”的外在表现。而“民虑”“民言”则是天子“听政”的重要内容，“故天子听政，使公卿至于列士献诗，瞽献曲，史献书，师箴，瞍赋，矇诵，百工谏，庶人传语，近臣尽规，亲戚补察，瞽史教诲，耆艾修之，而后王斟酌焉，是以事行而不悖”[2]。因此，作为君主，应该保持“民虑”所宣之“口”的畅通，“观民所言，以知得失”[3]，如此才能通晓民心民意，维持社会政治运行的活力。

在实际的社会政治生活中，“民心”“民虑”具有多样化的表现形式，如对于政权的支持维护；抑或与之相反，如“国人谤王”之类情况的出现。关于后者，《国语·楚语》亦有所论，称之为“民心之愠”。斗且是楚国的大夫，当他有一次去拜见

① 乔清举：《论儒家自然哲学的“通”的思想及其生态意义》，《社会科学》，2012年第7期，第113—123页。
② 徐元诰：《国语集解》，王树民、沈长云点校，北京：中华书局，2002年，第11—12页。
③ 徐元诰：《国语集解》，王树民、沈长云点校，北京：中华书局，2002年，第11页。

楚国国相子常的时候，子常与之谈话的内容均是“蓄货聚马”之事，而且“如饿豺狼焉”[①]。斗且认为子常此举是“妨民衣食之利”“害民之财用”，他说：

夫古者聚货不妨民衣食之利，聚马不妨民之财用，国马足以行军，公马足以称赋，不是过也。公货足以宾献，家货足以共用，不是过也。夫货马邮则阙于民，民多阙则有离叛之心，将何以封矣！[②]

在斗且看来，子常“积货”违背了“夫从政者以庇民也”[③]的原则，其实是在“蓄怨”，是在触动和积累“民心之愠”。他说：“民之羸馁，日已甚矣。四境盈垒，道殣相望，盗贼司目，民无所放。是之不恤，而蓄聚不厌，其速怨于民多矣。积货滋多，蓄怨滋厚，不亡何待！夫民心之愠也，若防大川

① 徐元诰：《国语集解》，王树民、沈长云点校，北京：中华书局，2002年，第521页。
② 徐元诰：《国语集解》，王树民、沈长云点校，北京：中华书局，2002年，第521页。
③ 徐元诰：《国语集解》，王树民、沈长云点校，北京：中华书局，2002年，第522页。

焉，溃而所犯必大矣。”[①] 可以发现，斗且的观点与前述邵公对于周厉王的劝诫是一致的，其本质上是强调“民言”“民心”之“通”在社会政治生活中的意义。“民虑”“民心之愠”不能以强制性的方式进行压制或阻塞，否则会如川泽溃决一般无法收拾。

对于君主而言，更需要从根本上去疏导、消弭“民虑”“民心之愠”。基于此，《国语·周语》提出“导利”的思想：“夫王人者，将导利而布之上下者也，使神人百物无不得其极，犹日怵惕，惧怨之来也。……匹夫专利，犹谓之盗，王而行之，其归鲜矣。”[②]“导利而布之上下”其实就是反对君王“专利”，“专利”即是引致“惧怨”的重要原因。除此之外，《国语·晋语》还涉及更为根本的行权、行政以导民的思想。

夫正国者不可以暱于权，行权不可以隐于私。暱于权，则

① 徐元诰：《国语集解》，王树民、沈长云点校，北京：中华书局，2002年，第522—523页。
② 徐元诰：《国语集解》，王树民、沈长云点校，北京：中华书局，2002年，第13—14页。

民不导；行权隐于私，则政不行。政不行，何以导民？民之不导，亦无君矣。则其为暱与隐也，复害矣，且勤身。[1]

这里的“权”有两种意思，“暱于权”之“权”是指权宜之计，“言当远权为久长计”[2]；“行权”之“权”乃权力，“隐于私”即是“以私恩隐蔽其罪”，须极力避免。“行权不可以隐于私”强调的是权力运行的公开、公正，是“政”得以“通”“行”的先决条件，其实亦是“导”的一种表现；否者便是“政不行”，也就是“政不通”。“导”，韦昭解释为“训导”，强调的是一种政治教化意义，也就是从思想观念上对民众进行疏导、引领，进而规范其行为。不过，“导”更应该视为一种结果，即使民心、民意得以表达，民事得以通达。

可以发现，《国语》关于导气、导民的思想在思维方式上具有一致性，体现了自然生态与政治生态的统一。究其实质而言，社会政治活动是属人活动，而人类的存在和发展均是以

① 徐元诰：《国语集解》，王树民、沈长云点校，北京：中华书局，2002年，第420页。
② 徐元诰：《国语集解》，王树民、沈长云点校，北京：中华书局，2002年，第420页。

自然为先决条件的，同样亦应该遵循自然运行的规律。可以说，《国语》的上述思想充分地体现了这一点，具有重要的生态意义。

第四章

《国语》中的生态德性论：人的德性主体与知性主体的统一

在人与自然交往的历史过程中，人的认识和实践能力亦在不断增强。对于人的主体性，中国传统哲学是有清晰认识的，《礼记》说："人者，天地之心也。"[①]一般而言，"心"具有两重含义："心"既是思虑之心，具有认识天地自然的功能；亦是道德之心，以德性来规范和约束人在天地自然面前的实践行为。《国语》提出"被文相德，非国何取"[②]"懋昭明德，物将自至"[③]和"圣人贵让"[④]的思想，体现了人在自然万物面前的德性主体和知性主体的统一，具有重要的生态意义。

---

① ［清］朱彬：《礼记训纂》，饶钦农点校，北京：中华书局，1996年，第348页。
② 徐元诰：《国语集解》，王树民、沈长云点校，北京：中华书局，2002年，第90页。
③ 徐元诰：《国语集解》，王树民、沈长云点校，北京：中华书局，2002年，第53页。
④ 徐元诰：《国语集解》，王树民、沈长云点校，北京：中华书局，2002年，第108页。

第一节 “被文相德，非国何取”

晋悼公（名晋周）是春秋时期的一代英主，在其即位之前，曾居于周事奉单襄公。单襄公对其有极高的评价，认为他“被文相德，非国何取？”[①]，就是说，晋周具备了“文”与“德”，终必得国，成为晋国之君。可见在单襄公看来，“文”与“德”被视为成为一国之君的内在条件。

那么，何谓“文”呢？其包含十一种具体的德性，即：“夫敬，文之恭也。忠，文之实也。信，文之孚也。仁，文之爱也。义，文之制也。智，文之舆也。勇，文之帅也。教，文

① 徐元诰：《国语集解》，王树民、沈长云点校，北京：中华书局，2002年，第90页。

之施也。孝，文之本也。惠，文之慈也。让，文之材也。”[①]在这里，“文”似是一种全德之名，而晋周则完全具备了这些德性。

> 象天能敬，帅意能忠，思身能信，爱人能仁，利制能义，事建能智，帅义能勇，施辩能教，昭神能孝，慈和能惠，推敌能让：此十一者，夫子皆有焉。[②]

“敬”乃“象天之敬，乾乾不息”[③]，“象天”进而“则天”[④]，即遵循天道并依天道而行，是对天道运行的基本态度。“帅意”即“出自心意”[⑤]，这是忠的必然要求，“循己心意，恕而行

---

① 徐元诰：《国语集解》，王树民、沈长云点校，北京：中华书局，2002年，第88—89页。
② 徐元诰：《国语集解》，王树民、沈长云点校，北京：中华书局，2002年，第89页。
③ 徐元诰：《国语集解》，王树民、沈长云点校，北京：中华书局，2002年，第88页。
④ 徐元诰：《国语集解》，王树民、沈长云点校，北京：中华书局，2002年，第89页。
⑤ 徐元诰：《国语集解》，王树民、沈长云点校，北京：中华书局，2002年，第88页。

之，谓忠也”[①]。“思身能信”是说“先信于身，而后及人”[②]。“仁”即“博爱于人”[③]，是规范人际关系的基本准则。“义”体现为对“利”的态度，“能利人物，然后为义”[④]。“智”则体现为对具体事物、事宜的处理，“能处立百事，为智也”[⑤]，“智所以载行文德”，即“文之舆”[⑥]。“勇”以“义”为内在的依据和要求，应循义而行，“勇而不义，非勇也”[⑦]“有勇而无义为乱”[⑧]。“能辩”即能辩明是非，这是施教的前提，“施其道化，而行能辨别之，故

① 徐元诰：《国语集解》，王树民、沈长云点校，北京：中华书局，2002年，第89页。
② 徐元诰：《国语集解》，王树民、沈长云点校，北京：中华书局，2002年，第88页。
③ 徐元诰：《国语集解》，王树民、沈长云点校，北京：中华书局，2002年，第88页。
④ 徐元诰：《国语集解》，王树民、沈长云点校，北京：中华书局，2002年，第88页。
⑤ 徐元诰：《国语集解》，王树民、沈长云点校，北京：中华书局，2002年，第89页。
⑥ 徐元诰：《国语集解》，王树民、沈长云点校，北京：中华书局，2002年，第88页。
⑦ 徐元诰：《国语集解》，王树民、沈长云点校，北京：中华书局，2002年，第88页。
⑧ 徐元诰：《国语集解》，王树民、沈长云点校，北京：中华书局，2002年，第89页。

能教”[①]。孝为“文之本”，因“人始于孝亲”[②]，“昭神”即孝及于祖宗神明。“慈和能惠”是指慈爱和善即能施惠于人。“推敌能让”是指：“与己体敌，犹推先之，故能让。”[③]从单襄公的描述中可以看出他对“文”的推崇，不过，这十一种具体的德性仅是“文”的具体体现，而未触及其实质性含义。进而，单襄公说：

天六地五，数之常也。经之以天，纬之以地，经纬不爽，文之象也。文王质文，故天祚之以天下。夫子被之矣，其昭穆又近，可以得国。[④]

这段文字才是“文”的实质性含义。“文”其实是以天之六气（阴、阳、风、雨、晦、明）和地之五行（金、木、水、火、

① 徐元诰：《国语集解》，王树民、沈长云点校，北京：中华书局，2002年，第89页。

② 徐元诰：《国语集解》，王树民、沈长云点校，北京：中华书局，2002年，第89页。

③ 徐元诰：《国语集解》，王树民、沈长云点校，北京：中华书局，2002年，第89页。

④ 徐元诰：《国语集解》，王树民、沈长云点校，北京：中华书局，2002年，第89页。

土)[1]为基本内容的天地自然之道。“被文”即是能够认识天地之经纬，并以之作为人事活动的基本遵循。周文王通过推演周易来阐述自然社会之理，如此，才能够“得国”，“其行也文，能文则得天地，天地所祚，小而后国”[2]。

除了“文”之外，晋周之“德”亦为单襄公所称道：“且夫立无跛，正也。视无还，端也。听无耸，成也。言无远，慎也。夫正，德之道也。端，德之信也。成，德之终也。慎，德之守也。守终纯固，道正事信，明令德矣。慎成端正，德之相也。”[3]在这里，“德”更多的是指人的言谈举止和行为方式，慎(细致谨慎)、成(老成持重)、端(端直不倾)、正(立身持正)则是其具体体现。

在单襄公这里，“文”指向的是天地自然之理，“德”则指向个体德行修养。综合来看，“文”与“德”正是人知性主体和德性主体的体现，也就是要“度于天地而顺于时动，和于民神

---

① 徐元诰：《国语集解》，王树民、沈长云点校，北京：中华书局，2002年，第89页。
② 徐元诰：《国语集解》，王树民、沈长云点校，北京：中华书局，2002年，第88页。
③ 徐元诰：《国语集解》，王树民、沈长云点校，北京：中华书局，2002年，第89—90页。

而仪于物则”[①]。而这两者的统一，正是儒家生态德性论的基本特点。按照蒙培元先生的观点，从人的角度解决人与自然的关系问题，其关键所在就在于如何解决德性主体与认识（知性）主体的关系。[②]所谓“德性主体”，蒙培元先生认为：“德性主体即价值主体，指人对自然界承担着崇高的责任和义务，包括对自然界的依恋和敬畏，有一种出自内心的爱。”[③]美国学者唐纳德·沃斯特在其名著《自然的经济体系——生态思想史》中说：“在这生态学的历史上，我们所关注的中心一直都是道德上的：我们尤其注重的是这门学科如何形成了人对其本身在自然界中的位置的看法。”[④]人的德性主体是指向自然万物，是人与自然相互协调统一的内在要求，但其实现的过程则具有层次性，遵循由内而外、由己及人及物的顺序。人作为知性主体，是指人类总是根据自己特有的视角、方式和需要来从事认识自然和改

---

① 徐元诰：《国语集解》，王树民、沈长云点校，北京：中华书局，2002年，第98页。

② 蒙培元：《人与自然——中国哲学生态观》，北京：人民出版社，2004年，第14页。

③ 蒙培元：《人与自然——中国哲学生态观》，北京：人民出版社，2004年，第14页。

④ ［美］唐纳德·沃斯特：《自然的经济体系——生态思想史》，侯文蕙译，北京：商务印书馆，2007年，第303页。

造自然的活动。这种活动不是主宰性的，而是裁成、辅佐天的“生生之道”，“这既是人的责任和义务，也是人的‘德性’所要求的，人类的知性活动应当在这一前提下进行”[①]。也就是现代生态学所推崇的人与自然的内在和谐统一，“人与自然界的根本性关系是目的性关系。自然界绝不仅仅是盲目的必然性与因果性，而是一个有序化的过程，这一过程最终指向生命和善”[②]。人是自然界的一部分，生态价值是人与自然的最高价值。但人与自然的关系并不是静止的，而是共同处于一个动态有序的过程之中。在这一过程中，人与自然并不总是能够保持这种有序化，尤其是当人类拥有前所未有的改造自然的能力之后。罗尔斯顿指出：“自然趋于稳态，但又从不长期保持一种稳态，而是在平衡之上叠加了进化的演变，就好像在一定节奏的基础上形成一种旋律。”[③]毫无疑问，这一过程的最终指向依然是人与自然更高层次上的统一。这就是人与自然的合目的性。

① 蒙培元：《人与自然——中国哲学生态观》，北京：人民出版社，2004年，第123页。

② 蒙培元：《人与自然——中国哲学生态观》，北京：人民出版社，2004年，第30页。

③ ［美］霍尔姆斯·罗尔斯顿 Ⅲ：《哲学走向荒野》，刘耳、叶平译，长春：吉林人民出版社，2000年，第83页。

用中国传统哲学的概念来说，自然界运行的过程即是“生生”，是生命发育的过程。自然界的生命体构成一个序列，人与自然界的其他生命具有一种连续性，但同时，人亦是万物之灵、天下之贵。人是生态价值的承担者、实现者。因此，人既需要尊重自然、顺应自然，也应该发挥自己的主体性。康有为指出：“尝谓人之得于天者甚大，而取之乃甚小，岂非无志之民哉？苟能广己造大，己为外，而天地为内；己为阳，而万物为阴；己为仁，而万物为义；不以身依于天地万物，而以天地万物依于身；斯有以任天下之志，即有以觉天下之民，固天下所想望者也。”①

人的主体性表现在德性与知性两个方面，即：“裁成天地之道，辅相天地之宜”，“若夫造命造因，则当积仁积智，以流恩泽，发光明，成浩气，与造化相流通而更变之。此君子所以日从事仁、义、礼、智，以同流于气运之中，而乐天不厌也”②。德性主体要求人类同情和爱护万物；知性主体要求人类在爱物的

① 康有为：《居天下之广居至得志与民由之（1893）》，《康有为全集》（第二集），北京：中国人民大学出版社，2007年，第6页。

② 康有为：《孟子微》，《康有为全集》（第五集），北京：中国人民大学出版社，2007年，第434页。

前提下，认识自然、辅佐自然，最终实现天、人在更高层次上的合一，“人类化于天，人性生于天，故人道即法天道。天人分合，本原贯通，孝子不匮，永锡尔类。明天人相通之故，未有若此之深切著明也”[①]。这才是人之目的的真正实现，亦是自然目的的真正实现。

---

① 康有为：《春秋董氏学》，《康有为全集》（第二集），北京：中国人民大学出版社，2007年，第382页。

第二节 “懋昭明德，物将自至”

应该如何处理与万物的关系呢？这是儒家生态德性论的重要内容。《国语》提出了一条重要的原则，即“懋昭明德，物将自至”①。这句话是出自周襄王与晋文公关于隧礼的一段对话。周襄王曾因狄人入侵而出居郑国避难，晋文公助周襄王回都城复位，周襄王以土地赐之，而晋文公则请求周襄王允许他死后以隧礼下葬。隧礼是“王之葬礼”，按照礼制只能天子专享，是天子身份和威权的一种象征。周襄王拒绝了晋文公的这一请求，他说：

---

① 徐元诰：《国语集解》，王树民、沈长云点校，北京：中华书局，2002年，第53页。

昔我先王之有天下也，规方千里以为甸服，以供上帝山川百神之祀，以备百姓兆民之用，以待不庭不虞之患。其余以均分公侯伯子男，使各有宁宇，以顺及天地，无逢其灾害。先王岂有赖焉，内官不过九御，外官不过九品，足以供给神祇而已，岂敢厌纵其耳目心腹以乱百度？亦惟是死生之服物采章，以临长百姓而轻重布之，王何异之有？①

在周襄王的描述中，先王取得天下之后，除了留下王畿之地以供奉上帝山川百神的祭祀，预备百官兆民的财用以及不可预知的忧患之外，其余的土地均按照等级划分，使其各有安居，而自己则并未赖利，更没有放纵声色欲望，内宫外廷的用度亦是依制而行。天子与诸侯的区别不过是“死生之服物采章”（隧礼即是属于此类），即按照礼制天子所应享有的服饰用物。在周襄王看来，虽然周王室已经不复强盛，“今天降祸灾于周室，余一人仅亦守府”②，但是，天子的礼仪和威严仍需要维持。隧

① 徐元诰：《国语集解》，王树民、沈长云点校，北京：中华书局，2002年，第51—52页。
② 徐元诰：《国语集解》，王树民、沈长云点校，北京：中华书局，2002年，第52页。

礼作为天子专享之礼，实是“先王之大物”，不应该以之“赏私德”[①]。从中我们也可以看到周襄王的无奈以及最后的坚守。他对晋文公说：

叔父若能光裕大德，更姓改物，以创制天下，自显庸也。而缩取备物，以镇抚百姓，余一人其流辟于裔土，何辞之与有？若由是姬姓也，尚将列为公侯，以复先王之职，大物其未可改也。叔父其懋昭明德，物将自至，余何敢以私劳变前之大章，以忝天下，其若先王与百姓何？何政令之为也？[②]

晋文公姬姓，名重耳，与周王室同宗，周襄王称其为叔父，一方面是在叙同宗之谊，另一方面亦是在提醒晋文公。周襄王给晋文公列出了两个选择：其一，“光裕大德，更姓改物，以创制天下”，也就是异姓受命称王，以创立新的天下，取代周天子成为新的天子，如此便可以享有天子之“大物”；其二，“尚将

① 徐元诰：《国语集解》，王树民、沈长云点校，北京：中华书局，2002年，第52页。
② 徐元诰：《国语集解》，王树民、沈长云点校，北京：中华书局，2002年，第52—53页。

列为公侯，以复先王之职”，即继续自列为公侯而以周天子为尊，如此则需要遵循先王之制。周襄王的论述中有一种坚定的态度，那就是“大章”不可变，只有具备“大德”，才能享有“大物”。这里的“大物”，是指天子之礼及其背后所代表的至高无上的威权和财富。“大章”即是其所蕴含的基本的原则，也就是“懋昭明德，物将自至”。这一原则其实具有普遍性的意义，同样适用于人与自然万物的关系，应成为人类活动的重要指引。

依此，《国语·晋语》还明确提出“夫德，福之基也”[①]的思想。这句话出自晋国大夫范文子，“既退荆师于鄢，将谷，范文子立于戎马之前，曰：君幼弱，诸臣不佞，吾何福以及此！吾闻之，‘天道无亲，唯德是授’，吾庸知天之不授晋且以劝楚乎？君与二三臣其戒之！夫德，福之基也，无德而福隆，犹无基而厚墉也，其坏也无日矣”[②]。其基本背景是晋楚之间的鄢陵之战。晋军击退楚军之后，范文子以“天道无亲，唯德是授”来

① 徐元诰：《国语集解》，王树民、沈长云点校，北京：中华书局，2002年，第396页。

② 徐元诰：《国语集解》，王树民、沈长云点校，北京：中华书局，2002年，第396页。

警示晋军。在范文子看来，战胜楚军是天降晋之福，而如果楚军借此修德，天降之福是可以转移的。修德是获取天降之福的基础，就如修筑厚墙需要坚实的地基一般，否则随时会崩塌。因此，晋军上下应该“戒之”，不可松懈。

与“夫德，福之基也”相对应的另外一种观念则是：“小丑备物，终必亡。”[①]也就是说，美好事物的取得必须以德性为前提条件。密康公是周恭王时密国的君主，曾有三名同姓女子未经媒妁而欲嫁之，也就是《国语》所载“三女奔之”[②]。密康公之母劝他将此三人进献给周王。她说：“夫兽三为群，人三为众，女三为粲。王田不取群，公行下众，王御不参一族。夫粲，美之物也。众以美物归女，而何德以堪之。王犹不堪，况尔小丑乎！小丑备物，终必亡。”[③]兽自三以上为群，天子狩猎不尽取之；三人以上为众，诸侯出行遇之需要致礼，“不敢诬众也”[④]；

① 徐元诰：《国语集解》，王树民、沈长云点校，北京：中华书局，2002年，第10页。
② 徐元诰：《国语集解》，王树民、沈长云点校，北京：中华书局，2002年，第10页。
③ 徐元诰：《国语集解》，王树民、沈长云点校，北京：中华书局，2002年，第10页。
④ 徐元诰：《国语集解》，王树民、沈长云点校，北京：中华书局，2002年，第10页。

天子娶亲是“取异姓以备三，不参一族也”[①]。在密康公之母看来，“女三为粲”，天子之尊尚且不能承受，更何况密康公？她认为密康公此举正是“小丑备物”，最终一定会灭亡。

此外，《国语》对于物的使用，亦提出了德性的要求。周定王时期的大夫刘康公将“俭”视为为臣之道的基本要求，提出“以俭足用则远于忧”[②]，而如果执着于奢侈，则需要时时警惕，“侈则不恤匮，匮而不恤，忧必及之，若是，则必广其身。且夫人臣而侈，国家弗堪，亡之道也”[③]。“广其身”即为了扩大自身利益而罔顾其他，这无论是对自身，抑或对于国家而言，实是败亡之道。作为一国君主，亦不可执着于“广其身”，应该坚持“俭”的德性与原则而对自身有所规制。周景王欲铸造无射钟，单穆公劝谏说：“若积聚既丧，又鲜其继，生何以殖？……是故先王之制钟也，大不出钧，重不过石。律度量衡于是

① 徐元诰：《国语集解》，王树民、沈长云点校，北京：中华书局，2002年，第10页。
② 徐元诰：《国语集解》，王树民、沈长云点校，北京：中华书局，2002年，第70页。
③ 徐元诰：《国语集解》，王树民、沈长云点校，北京：中华书局，2002年，第70页。

乎生，小大器用于是乎出，故圣人慎之。”[①] 在这里，德即具体体现为对于“律度量衡”的遵循，其目的即在于保证民众生活的持续性和人心的稳定性，“夫德广远而有时节，是以远服而迩不迁”[②]。“时”即自然时序，“节”即节制。这在建造台榭、修筑城池等工程建设方面亦有所要求。楚灵王曾建造章华之台，大夫伍举则说：“臣闻国君服宠以为美，安民以为乐，听德以为聪，致远以为明，不闻其以土木之崇高彤镂为美，而以金石匏竹之昌大嚣庶为乐。不闻其以观大、视侈、淫色以为明，而以察清浊为聪也。”[③] 章华之台无疑具备了伍举所说的崇高、彤镂的特点，楚灵王即执着于此，并发出“台美夫”[④] 的感叹。在伍举看来，这并非真正的美，国君应以“服宠”为美。“服宠”即受天之福禄，“以贤受宠福，以是为美”[⑤]。不仅如此，在礼乐活动

① 徐元诰：《国语集解》，王树民、沈长云点校，北京：中华书局，2002年，第108页。
② 徐元诰：《国语集解》，王树民、沈长云点校，北京：中华书局，2002年，第427页。
③ 徐元诰：《国语集解》，王树民、沈长云点校，北京：中华书局，2002年，第493—494页。
④ 徐元诰：《国语集解》，王树民、沈长云点校，北京：中华书局，2002年，第493页。
⑤ 徐元诰：《国语集解》，王树民、沈长云点校，北京：中华书局，2002年，第493页。

中，国君还需摒除观大、视侈、淫色以及盛大繁多的金石匏竹。如此才能使民众安定、使远人归服，也就是伍举所说的“上下、内外、大小、远近皆无害”，以及“施令德于远近，而小大安之”，这才是真正的美政。伍举论述说：

夫美也者，上下、内外、大小、远近皆无害焉，故曰美。若周于目观则美，缩于财用则匮，是聚民利以自封而瘠民也，胡美之为？夫君国者，将民之与处，民实瘠矣，君安得肥？且夫私欲弘侈，则德义鲜少，德义不行，则迩者骚离，而远者距违。天子之贵也，唯其以公侯为官正，而以伯子男为师旅。其有美名也，唯其施令德于远近，而小大安之也。若敛民利以成其私欲，使民蒿焉忘其安乐，而有远心，其为恶也甚矣，安用目观？①

也就是说，真正的美政是以施行德义为基础的，并非“周于目观”；而且是普遍的，更非限于君主一人之私。如果因“成

① 徐元诰：《国语集解》，王树民、沈长云点校，北京：中华书局，2002年，第495—496页。

其私欲”而导致民用匮乏，则是“为恶也甚矣”[①]。具体到楚灵王建造的章华之台，伍举以之与楚庄王时所建匏居之台进行了对比，他说：

先君庄王为匏居之台，高不过望国氛，大不过容宴豆，木不妨守备，用不烦官府，民不废时务，官不易朝常。问谁宴焉，则宋公、郑伯；问谁相礼，则华元、驷騑；问谁赞事，则陈侯、蔡侯、许男、顿子，其大夫侍之。先君以是除乱克敌，而无恶于诸侯。今君为此台也，国民罢焉，财用尽焉，年谷败焉，百官烦焉，举国留之，数年乃成。愿得诸侯与始升焉，诸侯皆距，无有至者。[②]

楚庄王是楚国一代雄主，亦是春秋时期一代霸主，其所建造的匏居之台，高度、大小均有所限制，而且所用的木料、费用并未有损国家守备和官府开支，在建造过程中亦没有荒废农

① 徐元诰：《国语集解》，王树民、沈长云点校，北京：中华书局，2002年，第496页。
② 徐元诰：《国语集解》，王树民、沈长云点校，北京：中华书局，2002年，第494页。

时和朝堂常规。而且，楚庄王获得了其他诸侯国的支持，或参与盟会，或相助行礼。而楚灵王建造章华之台则是消耗了大量国家财用，并给百官万民带来了极为沉重的负担，其他诸侯亦“皆距，无有至者”。以此观之，伍举认为章华之台实在“不知其美”，而如果君主坚持认为“此台美而为之正”①，楚国则将陷入危殆之中。伍举还总结了修建台榭所应遵循的基本原则：

故先王之为台榭也，榭不过讲军实，台不过望氛祥，故榭度于大卒之居，台度于临观之高。其所不夺穑地，其为不匮财用，其事不烦官业，其日不废时务。瘠垸之地，于是乎为之；城守之木，于是乎用之；官僚之暇，于是乎临之；四时之隙，于是乎成之。②

伍举所论体现出建造台榭的几个原则：其一，实用，就是应以实现“讲军实”或“望氛祥”为目的；其二，节约，建造

① 徐元诰：《国语集解》，王树民、沈长云点校，北京：中华书局，2002年，第497页。
② 徐元诰：《国语集解》，王树民、沈长云点校，北京：中华书局，2002年，第496页。

过程中应充分利用“瘠垸之地”和“城守之木”；其三，因时，运用“官僚之暇”和“四时之隙”。其最终以“不匮财用”“不废时务”而成之。这些规定有助于国计民生的稳定和可持续，具有重要的生态意义。

西周末年王室衰微，地处南蛮之地的楚国迅速崛起，成为春秋时期一股重要力量。楚恭王死后，其弟子囊召集大臣商议其谥号。子囊认为楚恭王执政期间“抚争南海，训及诸夏”①，给楚国带来了极大的荣耀，“其宠大矣”②。从中可以看出，楚国其实并不甘为蛮夷之国，而是试图接引华夏文明，甚至希望成为华夏共主。楚灵王就对华夏诸侯国独事奉晋国而不归附楚国耿耿于怀，从而发出“诸夏不服吾而独事晋，何也”③的感叹。其在位时还先后灭掉陈、蔡、不羹三国，并修筑三国城池，希望以此与晋国相抗，吸引诸侯归附。“今吾城三国，赋皆千乘，

① 徐元诰：《国语集解》，王树民、沈长云点校，北京：中华书局，2002年，第487页。
② 徐元诰：《国语集解》，王树民、沈长云点校，北京：中华书局，2002年，第487页。
③ 徐元诰：《国语集解》，王树民、沈长云点校，北京：中华书局，2002年，第497页。

亦当晋矣。又加之以楚，诸侯其来乎？”[①]楚灵王之问是对大夫范无宇而发。范无宇通过考诸史志得出“国为大城，未有利者”[②]的结论，他还列举了大量发生于各诸侯国的历史事件作为例证，进而论述道：

且夫制城邑若体性焉，有首领股肱，至于手拇毛脉，大能掉小，故变而不勤。地有高下，天有晦明，民有君臣，国有都鄙，古之制也。先王惧其不帅，故制之以义，旌之以服，行之以礼，辨之以名，书之以文，道之以言。既其失也，易物之由。夫边境者，国之尾也，譬之如牛马，处暑之既至，虻蠻之既多，而不能掉其尾，臣亦惧之。不然，是三城也，岂不使诸侯之心惕惕焉。[③]

范无宇的论述大致有三层意思：其一，“国有都鄙，古之制

① 徐元诰：《国语集解》，王树民、沈长云点校，北京：中华书局，2002年，第497页。
② 徐元诰：《国语集解》，王树民、沈长云点校，北京：中华书局，2002年，第497页。
③ 徐元诰：《国语集解》，王树民、沈长云点校，北京：中华书局，2002年，第499页。

也”，国都与边邑是相贯为一的，正如地有高下、天有晦明，这就明确了在边境制城的必要性；其二，“制城邑若体性焉”，这是制城所应实现的目标，建造城邑如同人的身体，各个部分应能相互契合，“大能掉小”“变而不勤”，如此才能真正发挥城邑的防卫作用；其三，“制之以义”，这是制城的基本原则，其他的服饰、礼义、徽号等均是具体的体现。“义”是“帅”的前提，“帅”即是贯彻、遵循，也就是获得城内军民的真心拥护和追随；如果“失义”，则会“尾大不掉”，城内军民甚至会叛离，尤其是“大城”更是如此。三年之后，楚国发生内乱，楚灵王死，当时被封为陈公、蔡公的公子弃疾则入郢都即位。此即制城失义而“不帅”的后果。

总体而言，无论是对物的获取抑或使用，《国语》均提出了德性的要求。“懋昭明德，物将自至”是一种具有普遍意义的原则，蕴含着以“明德”作为前提、“物之至”为其自然结果的思想。对于物的使用，《国语》强调行“德义”，提倡“以俭足用”，反对“私欲弘侈”，表达的是对自然万物的一种节用的态度。此外，关于德与物的关系，还具体体现为一种义利关系，这在《国语》中亦有大量的记载。

第三节　《国语》中的义利之辨及其生态意义

德、物或者德、福关系还有一种表现，即义利关系。义利之辨是儒家文化中一个历久弥新的话题。而且自孔子、孟子表达出对此话题的关注和基本态度之后，后世儒家甚至将其视为最基本的问题之一。比如朱熹曾说："义利之说乃儒者第一义。"[①] 陆九渊教人亦"以义利之辨为先"，"傅子渊自此归其家，陈正己问之曰：'陆先生教人何先？'对曰：'辨志。'正己复问：'何辨？'对曰：'义利之辨。'若子渊之对，可谓切要"[②]。从朱、陆对于义利之辨的态度，可见其在中国古代思想史上的地位。

---

① ［宋］朱熹：《与延平李先生书》，《朱子全书》第二十一册，上海：上海古籍出版社，合肥：安徽教育出版社，2002年，第1082页。

② ［宋］陆九渊：《陆九渊集》，北京：中华书局，2008年，第398页。

一、义利之辨的基本含义及其扩展

在孔子那里，对义、利的不同态度体现了君子和小人之间的差别："君子喻于义，小人喻于利"[①]。这是在个体道德修养的意义上讨论义利关系，其可划分为两个层次：其一，"君子义以为上"[②]，孔子本意是述说"义"与"勇"的关系，而"义以为上"具有普遍意义，同样适用于义利关系。"上"其实是相对于"下"而言，"义"往往体现在某种具体化的情境之中，"利"即是其中最常见的外在表现。当利与公义、道义（主要表现为个人之利益与他人、社会的利益）发生冲突或者妨害之时，应坚持"义以为上"，或者"见利思义"[③]"义然后取"[④]。这尤其体现在孔子所说"不义而富且贵，于我如浮云"[⑤]所表达出的思想气概和精神气节之中；其二，"君子义以为质"[⑥]，个人利益并非一定会与他人或社会公共利益发生冲突，而且个人追求利益亦是

① ［宋］朱熹：《四书章句集注》，北京：中华书局，2011年，第72页。
② ［宋］朱熹：《四书章句集注》，北京：中华书局，2011年，第169页。
③ ［宋］朱熹：《四书章句集注》，北京：中华书局，2011年，第142页。
④ ［宋］朱熹：《四书章句集注》，北京：中华书局，2011年，第143页。
⑤ ［宋］朱熹：《四书章句集注》，北京：中华书局，2011年，第93—94页。
⑥ ［宋］朱熹：《四书章句集注》，北京：中华书局，2011年，第155页。

合乎自然人性的，孔子说："富而可求也，虽执鞭之士，吾亦为之。如不可求，从吾所好。"①而众所周知，孔子从未成为追求富贵的"执鞭之士"，而是终其一生致力于其"所好"，即讲求礼乐、整理六经、培养弟子等活动中。也就是说，在这里，"义"其实是君子的精神追求，亦是其生活方式，代表着一种内在于君子人格之中的品质。由此，黄俊杰指出这就是"义"与"君子"观念的密切结合，他还得出结论："'义'与'我'有密切关系，是完美人格所必备的德行，具有普遍性，是所有完美的人共具之美德。"②

孟子对孔子的思想有所继承，并用鱼与熊掌的比喻来说明义、利之间冲突性的关系，主张舍利求义，甚至舍生取义，他说："鱼，我所欲也；熊掌，亦我所欲也，二者不可得兼，舍鱼而取熊掌者也。生，亦我所欲也；义，亦我所欲也；二者不可得兼，舍生而取义者也。"③如前文所述，孔、孟在这里的义利之辨隐含着公私之辨，即应以追求公共的价值为目标，但在

① ［宋］朱熹：《四书章句集注》，北京：中华书局，2011年，第92页。
② 黄俊杰：《"义利之辨"及其思想史的定位》，苑淑亚编：《中国观念史》，郑州：中州古籍出版社，2005年，第332页。
③ ［宋］朱熹：《四书章句集注》，北京：中华书局，2011年，第311页。

特殊情况下可以舍弃个体的私利，甚至情感和生命。这其实是一种利他、利公主义的道德原则。不过，关于义、利之辨，孟子亦进行了发展。孟子的发展有向内和向外两个层面。就向内的层面来说，孟子将“义”与“仁”或者“不忍人之心”联系在了一起，他提出“羞恶之心，义之端也”[①]，羞恶之心与恻隐之心、辞让之心、是非之心一起，构成了人之“四端”。“端”其实类似于前述孔子所谓“君子义以为质”中的“质”，不过，在孟子这里更多的是一种“质点”，还需要后天的涵养和不断扩充才能成为义之德。这意味着，孟子赋予“义”一种更为内在、根本且普遍化的依据。就外向的层面来说，孟子开始广泛地在政治哲学的范围内讨论这一对关系，梁惠王等雄霸一方的君主亦成为他的言说对象。孟子在向梁惠王的劝诫中反复提到的一句话就是：“王何必曰利？”司马迁评价孟子“迂远而阔于事情”[②]，其基本依据可能即源于此。当时的社会“以攻伐为贤”[③]，而攻伐即是逐利的途径，亦是其后果之一。统治

① ［宋］朱熹：《四书章句集注》，北京：中华书局，2011年，第221页。
② ［汉］司马迁：《史记》，北京：中华书局，2011年，第2065页。
③ ［汉］司马迁：《史记》，北京：中华书局，2011年，第2065页。

者追求的是兵革之利、兼并之利，是土地和人口之利，无限制地逐利亦会使执政者变得冰冷甚至残暴而罔顾百姓的基本生活。在孟子的视域中，利会损害人的恻隐之心，会使人变得麻木不仁。因此，他希望给利确立一种仁义的原则，从而以义制利，反对见利忘义。义与利之间的这种张力一直为儒家所关注。

在具体的社会生活中，“利”还具有如下特点：首先，鲜明的个体化特征，不同的社会成员所追逐的目的不尽相同，利从而表现为金钱、权力、物品、情感、心理等诸多的面向；其次，利还具有历史性，在不同的历史时期，或者在个人的不同生活境遇下，人们对于利的态度和追逐的过程亦有所差异。再次，就其本质而言，利所代表的是一种稀缺性，与广泛性或普遍性相对，由此决定了其个体化和历史性特征。最后，利蕴含着个体与群体的冲突，这亦是由其稀缺性所决定的，稀缺性即意味着有限性，而这种有限性会引起人们无限制的欲望追逐。这一点荀子早已言明，因而他倡导礼义法度以规范人们的观念和行为并进而实现“使欲必不穷乎物，物必不屈于欲，两者相持而长”[①]的理想状态。这其实与孟子的义利之辨所要表达的思想是一致的。

不过，荀子所论也已经论及利的第五个特点，即义利关系其实是人与自然关系的一个侧面。在人与自然的关系中，同样存在着义利之间的张力。义利之辨的范围扩展至自然万物，则构成了生态哲学的重要论域。综合起来看，义利之辨其实贯穿于伦理学、政治哲学和生态哲学，而且三者是统一的。从根本上来看，任何义利之辨所涉及的“利”其实均来自于自然界，“夫利，百物之所生也，天地之所载也”[②]。任何义利之间存在的张力亦在人与自然之间展开，而二者的关系最终归结为人与自然的关系。关于义利之辨，《国语》中亦有大量的记载，提出了“义所以生利”[③]“义以生利，利以丰民”[④]“夫义者，利之足也”[⑤]的思想。

---

① ［清］王先谦：《荀子集解》，沈啸寰、王星贤整理，北京：中华书局，2012年，第337页。
② 徐元诰：《国语集解》，王树民、沈长云点校，北京：中华书局，2002年，第13页。
③ 徐元诰：《国语集解》，王树民、沈长云点校，北京：中华书局，2002年，第46页。
④ 徐元诰：《国语集解》，王树民、沈长云点校，北京：中华书局，2002年，第256页。
⑤ 徐元诰：《国语集解》，王树民、沈长云点校，北京：中华书局，2002年，第290页。

二、《国语》中的义利之辨

周襄王十七年（公元前635年），滑人叛郑，郑国伐之。周王使大夫游孙伯为滑求情，被郑国抓了起来。周襄王对此不满，准备派狄人去讨伐郑国。大夫富辰劝诫周襄王说："夫义所以生利也，祥所以事神也，仁所以保民也。不义则利不阜，不祥则福不降，不仁则民不至。古之明王不失此三德者，故能光有天下，而和宁百姓，令闻不忘。王其不可以弃之。"[①] 在富辰的描述中，义、祥、仁三德乃是得到丰利、福佑和民心的前提条件，这是古之明王之道，不可废弃。周天子与郑国国君同为姬姓子弟，具有兄弟之义，即便内部存在争斗，但仍然能够外御其侮，此为"不败亲"[②]。而周襄王如果征用外部力量去讨伐兄弟之国，实是不义，"且夫兄弟之怨，不征于他，征于他，利乃外矣"[③]。更何况周襄王要借助的还是夷狄的力量，更

---

① 徐元诰：《国语集解》，王树民、沈长云点校，北京：中华书局，2002年，第46页。

② 徐元诰：《国语集解》，王树民、沈长云点校，北京：中华书局，2002年，第45页。

③ 徐元诰：《国语集解》，王树民、沈长云点校，北京：中华书局，2002年，第45—46页。

是不祥。而且，幽王既灭之后，郑武公曾辅佐周平王；周桓王继位之后，郑庄公亦辅佐之，郑国之于周王室实有“大勋力”[①]。如今讨伐之，则是“以小怨置大德”[②]，实为不仁。在富辰看来，周襄王此举失去义、祥、仁三德，“章怨外利，不义。弃亲即狄，不祥。以怨报德，不仁”[③]，实是有违古之明王之道。

骊姬是晋献公夫人，深得宠爱。晋献公甚至准备废黜太子申生而立骊姬之子奚齐。晋国大夫里克、丕郑、荀息对此事则各有其态度。其中，荀息说：“吾闻事君者，竭力以役事，不闻违命。君立臣从，何贰之有？”[④]也就是要对君主一心听从，且竭力奉之。里克则对此表示沉默。丕郑则说：“吾闻事君者，从其义，不阿其惑。惑则误民，民误失德，是弃民也。民之有君，以治义也。义以生利，利以丰民，若之何其民之与处而弃

① 徐元诰：《国语集解》，王树民、沈长云点校，北京：中华书局，2002年，第45页。
② 徐元诰：《国语集解》，王树民、沈长云点校，北京：中华书局，2002年，第45页。
③ 徐元诰：《国语集解》，王树民、沈长云点校，北京：中华书局，2002年，第46页。
④ 徐元诰：《国语集解》，王树民、沈长云点校，北京：中华书局，2002年，第256页。

之也？”[①] 丕郑将“义”视为最高的原则，提出了“事君从义”的思想，他认为事君应符合道义，不能够附会君主之惑，否则便是误民失德。而且，在丕郑看来，“义”既是事君之道，亦是为君之道，“民之有君，以治义也”，只有符合“义”的要求，才能最终为民丰利，从而获得民众的支持。

“夫义者，利之足也”[②] 出自上段材料中提到的晋国大夫里克。晋献公去世之后，里克计划杀掉骊姬之子奚齐，而迎立流亡在外的晋国公子，以消除骊姬之乱，稳固晋国政局。丕郑助其行事，“使狄以动之，援秦以摇之”[③]，希望借助狄国和秦国的援助动摇奚齐的地位，并提出“立其薄者可以得重赂，厚者可使无入”[④]。丕郑的想法是：没有得到国内大夫及国外诸侯大力支持（薄者）的公子，则迎立之；而获得广泛支持的公子（厚者），则勿使其回国；如此便可在晋国专权，“国，谁之国

① 徐元诰：《国语集解》，王树民、沈长云点校，北京：中华书局，2002年，第256页。
② 徐元诰：《国语集解》，王树民、沈长云点校，北京：中华书局，2002年，第290页。
③ 徐元诰：《国语集解》，王树民、沈长云点校，北京：中华书局，2002年，第290页。
④ 徐元诰：《国语集解》，王树民、沈长云点校，北京：中华书局，2002年，第290页。

也？”[1]即清楚地表达了他的这一想法。里克则说“不可”，认为这是“杀君而赖其富”[2]，“贪且反义”[3]；既会引致民怨，亦会给自身引致灾祸，“不义而富必危，故不为利”[4]。他说：

夫义者，利之足也；贪者，怨之本也。废义则利不立，厚贪则怨生。夫孺子岂获罪于民？将以骊姬之惑蛊君而诬国人，谗群公子而夺之利，使君迷乱，信而亡之，杀无罪以为诸侯笑，使百姓莫不有藏恶于其心中，恐其如壅大川，溃而不可救御也。[5]

骊姬之乱是晋国历史上的大事件，最早史苏就曾论骊姬必

① 徐元诰：《国语集解》，王树民、沈长云点校，北京：中华书局，2002年，第290页。
② 徐元诰：《国语集解》，王树民、沈长云点校，北京：中华书局，2002年，第291页。《国语集解》本为“杀君而赖其富”，不通，此处根据其他版本改定。
③ 徐元诰：《国语集解》，王树民、沈长云点校，北京：中华书局，2002年，第291页。
④ 徐元诰：《国语集解》，王树民、沈长云点校，北京：中华书局，2002年，第291页。
⑤ 徐元诰：《国语集解》，王树民、沈长云点校，北京：中华书局，2002年，第290—291页。

乱晋。史苏曾指出君主应该“好好而恶恶，乐乐而安安”[①]，如此政权才能长久，“是以能有常”[②]。而晋献公立骊姬为夫人是“好其色”，必“授之情”[③]，而骊姬“得其情，以厚其欲，从其恶心，必败国，且深乱”[④]。史苏之论给里克留下了深刻的印象，当晋献公将废黜太子申生立奚齐的时候，里克就对荀息和丕郑说：“夫史苏之言将及矣！”[⑤]史苏亦曾言道：“伐木不自其本，必复生；塞水不自其源，必复流；灭祸不自其基，必复乱。”[⑥]因此，里克希望从根本上消除骊姬之乱，而使晋国“定民弭忧”。若要实现这一目标，则需要以义为上，而克制贪念，如此，方为常道，“是故将杀奚齐，而立公子之在外者，以定民弭忧，于诸侯且为援，庶几曰诸侯义而抚之，百姓欣而

① 徐元诰：《国语集解》，王树民、沈长云点校，北京：中华书局，2002年，第256页。
② 徐元诰：《国语集解》，王树民、沈长云点校，北京：中华书局，2002年，第256页。
③ 徐元诰：《国语集解》，王树民、沈长云点校，北京：中华书局，2002年，第256页。
④ 徐元诰：《国语集解》，王树民、沈长云点校，北京：中华书局，2002年，第256页。
⑤ 徐元诰：《国语集解》，王树民、沈长云点校，北京：中华书局，2002年，第256页。
⑥ 徐元诰：《国语集解》，王树民、沈长云点校，北京：中华书局，2002年，第256页。

奉之，国可以固。今杀君而赖其富，贪且反义。贪则民怨，反义则富不为赖。赖富而民怨，乱国而身殆，惧为诸侯载，不可常也”①。

总体来看，《国语》中所提出的“义所以生利”“义以生利，利以丰民”“夫义者，利之足也”的思想，与儒家义利之辨的基本原则是一致的。不过亦有其特点，《国语》中的义利之辨并非是在个体道德修养层面上言说，而主要存在于国家政治生活之中，“义”应该构成君主、大臣等权力者施政行权的基本原则，其落脚点则在“生利”“丰民”上。对于民众来说，利的主要体现并非朝堂之上，而是自然之中，其所追求的更多的是风调雨顺、物产丰饶，从而养生送死无憾。正如前文所述，从根本上看，任何义利之辨所涉及的“利”均来自自然界，任何义利之间存在的张力亦在人与自然之间展开，而二者的关系最终归结为人与自然的关系。

---

① 徐元诰：《国语集解》，王树民、沈长云点校，北京：中华书局，2002年，第291页。

三、“圣人贵让”与“胡可专也”：义利之辨的延伸及其生态意义

人类的生活离不开自然界，而面对自然之利及在此基础上形成的其他形态的利益，人们会表现出各自的态度和行为，义利之辨即是围绕此问题展开。此外，在《国语》中，义利之辨还有另外一种表现形式，即“圣人贵让”[①]与“胡可专也”[②]。

“让”与“专”亦代表人在自然之利及其衍生物面前两种截然不同的倾向。《国语》提出了“圣人贵让”的观念：“夫人性，陵上者也，不可盖也。求盖人，其抑下滋甚，故圣人贵让。……故王天下者必先诸民，然后庇焉，则能长利。”[③]此外，《国语》还提出“让不失义”[④]“废让，是废德也”[⑤]以及“义，广德

---

① 徐元诰：《国语集解》，王树民、沈长云点校，北京：中华书局，2002年，第75页。
② 徐元诰：《国语集解》，王树民、沈长云点校，北京：中华书局，2002年，第13页。
③ 徐元诰：《国语集解》，王树民、沈长云点校，北京：中华书局，2002年，第75页。
④ 徐元诰：《国语集解》，王树民、沈长云点校，北京：中华书局，2002年，第359页。
⑤ 徐元诰：《国语集解》，王树民、沈长云点校，北京：中华书局，2002年，第358页。

也”[①]的思想，从而体现了让、义、利三者之间的内在关系。或者可以说，《国语》中的“贵让”观念其实是义利之辨的延伸。

《礼记·乐记》曾提出“揖让而治天下”的思想，“乐由中出，礼自外作。乐由中出，故静；礼自外作，故文。大乐必易，大礼必简。乐至则无怨，礼至则不争。揖让而治天下者，礼乐之谓也。”[②]从而表明了“让”在中国礼乐文化中的意义。孟子则将“辞让之心”视为礼的内在基础，他说：“恻隐之心，仁之端也；羞恶之心，义之端也；辞让之心，礼之端也；是非之心，智之端也。人之有是四端也，犹其有四体也。”[③]

《国语·晋语》曾经记载了晋文公举贤与赵衰三让的事情，其中有“废让，是废德也”“让不失义”的思想。可以说，在赵衰三让的过程中，亦充满了关于让与德、义的辩证关系。晋文公向赵衰询问元帅的人选，赵衰推荐了郤縠，其依据是：“行年五十矣，守学弥惇。夫先王之法志，德义之府也。夫德义，生

---

① 徐元诰：《国语集解》，王树民、沈长云点校，北京：中华书局，2002年，第359页。

② ［清］朱彬：《礼记训纂》，饶钦农点校，北京：中华书局，1996年，第566页。

③ ［宋］朱熹：《四书章句集注》，北京：中华书局，2011年，第221页。

民之本也。能惇笃者，不忘百姓也。”[①] 这里是举贤，而非让贤，但也可以看出赵衰的倾向，即以德义为先、以百姓为本。晋文公有两次想任用赵衰为卿，赵衰两次均让之。第一次其向晋文公推荐了忠贞谨慎的栾枝、足智多谋的先轸和见闻广博的胥臣，认为其三者皆有辅佐之才。第二次其向晋文公推荐了狐偃，并指出“以德纪民，其章大矣，不可废也”[②]。上军之将狐毛死后，晋文公想让赵衰代之，赵衰再次推让并举荐了先且，认为其在城濮之战中“居有三赏”[③]，即有军功、善于事君、能胜任其官。此即为“赵衰三让”。晋文公对于赵衰三让评价甚高，他说：“赵衰三让，其所让，皆社稷之卫也。废让，是废德也。”[④] 又说：“夫赵衰三让不失义。让，推贤也。义，广德也。德广贤至，又何患矣。”[⑤]“让”并非毫无原则的“让”，而是为国举贤，

① 徐元诰：《国语集解》，王树民、沈长云点校，北京：中华书局，2002年，第357页。
② 徐元诰：《国语集解》，王树民、沈长云点校，北京：中华书局，2002年，第358页。
③ 徐元诰：《国语集解》，王树民、沈长云点校，北京：中华书局，2002年，第358页。
④ 徐元诰：《国语集解》，王树民、沈长云点校，北京：中华书局，2002年，第358页。
⑤ 徐元诰：《国语集解》，王树民、沈长云点校，北京：中华书局，2002年，第359页。

这便是“让不失义”。在这个意义上，“让”即是“广德”。

不过，在《国语》中，“让”更多地体现在君主与民众的关系之中。内史过曾与周襄王论及君主之“长众使民之道”，他说：

《夏书》有之曰：“‘众非元后’何戴？后非众，无与守邦。”在《汤誓》曰：“余一人有罪，无以万夫；万夫有罪，在余一人。”在《盘庚》曰：“国之臧，则惟女众。国之不臧，则惟余一人是有逸罚。”如是则长众使民，不可不慎也。民之所急在大事，先王知大事之必以众济也，是故祓除其心，以和惠民，考中度衷以莅之，昭明物则以训之，制义庶孚以行之。祓除其心，精也。考中度衷，忠也。昭明物则，礼也。制义庶孚，信也。然则长众使民之道，非精不和，非忠不立，非礼不顺，非信不行。[①]

内史过所引述《尚书》中的文献，所指即君主与万民的关

① 徐元诰：《国语集解》，王树民、沈长云点校，北京：中华书局，2002年，第32页。

系，是“一”与“众”的关系。这是中国传统政治哲学中的一对重要范畴。魏晋时期的哲学家王弼曾论述说：“夫众不能治众，治众者，至寡者也。夫动不能制动，制天下之动者，贞夫一者也。故众之所以得咸存者，主必致 也；动之所以得咸运者，原必无二也。”[①]王弼从哲学上揭示了“一”与“众”的内在统一关系。众的力量是巨大的，“大事之必以众济也”，国之大事必须依赖于民众才能成功。因此君主作为“一”，“长众使民，不可不慎”。按照王弼的思路，理想的君主和万民的关系，其实是在复制道和万物的关系，在此过程中，君主要做到“崇本以息末”，他说：“故竭圣智以治巧伪，未若见质素以静民欲；兴仁义以敦薄俗，未若抱朴以全笃实；多巧利以兴事用，未若寡私欲以息华竞。故绝司察，潜聪明，去劝进，翦华誉，弃巧用，贱宝货。唯在使民爱欲不生，不在攻其为邪也。故见素朴以绝圣智，寡私欲以弃巧利，皆崇本以息末之谓也。”[②]“本”即是“道”，《老子》第二章说：“万物作焉而不

---

① ［魏］王弼：《王弼集校释》，楼宇烈校释，北京：中华书局，1980年，第591页。

② ［魏］王弼：《王弼集校释》，楼宇烈校释，北京：中华书局，1980年，第198页。

辞，生而不有，为而不恃，功成而弗居。夫唯弗居，是以不去。”[①] 这与上述文字中所提到的《汤誓》所谓“万夫有罪，在余一人”，以及《盘庚》所谓“国之臧，则惟女众”所表达的思想具有一致性，其本质上反映的还是“让”的思想，具体体现为“精”“忠”“礼”“信”四个方面。

“精”即“祓除其心”，韦昭将“精”解释为“洁”，“祓”即“拂”[②]，也就是使内心纯洁，而不被私欲遮蔽，更不可以“淫纵其身”[③]。“忠”即“考中度衷”，韦昭认为“忠”即“恕”，“省己之中心以度人之衷心，恕以临之也”[④]。对于君主而言，便是推己及民。“礼”即“昭明物则”，也就是昭示事物法则并以之教民化民。“信”即“制义庶孚”，也就是制定事宜，“为众所信而行之也”[⑤]。

---

① ［魏］王弼注：《老子道德经注》，楼宇烈校释，北京：中华书局，2011年，第7页。
② 徐元诰：《国语集解》，王树民、沈长云点校，北京：中华书局，2002年，第32页。
③ 徐元诰：《国语集解》，王树民、沈长云点校，北京：中华书局，2002年，第34页。
④ 徐元诰：《国语集解》，王树民、沈长云点校，北京：中华书局，2002年，第32页。
⑤ 徐元诰：《国语集解》，王树民、沈长云点校，北京：中华书局，2002年，第32页。

在这四者之中，“祓除其心”无疑是根本性的要求。如前文所述，“心”是中国传统哲学的重要概念。孟子认为，“人皆有不忍人之心”，他说：“所以谓人皆有不忍人之心者，今人乍见孺子将入于井，皆有怵惕恻隐之心。非所以内交于孺子之父母也，非所以要誉于乡党朋友也，非恶其声而然也。”① 又说：“由是观之，无恻隐之心，非人也；无羞恶之心，非人也；无辞让之心，非人也；无是非之心，非人也。恻隐之心，仁之端也；羞恶之心，义之端也；辞让之心，礼之端也；是非之心，智之端也。人之有是四端也，犹其有四体也。”② 也就是说，“辞让”的外在表现是“礼”，内在依据其实是“仁”，或者说是“不忍人之心”。“祓除其心”也就是孟子哲学中的“求放心”“尽心”。孟子曰：“仁，人心也；义，人路也。舍其路而弗由，放其心而不知求，哀哉！人有鸡犬放，则知求之；有放心，而不知求。学问之道无他，求其放心而已矣。”③ 又说：“尽其心者，知其性

① ［宋］朱熹：《四书章句集注》，北京：中华书局，2011年，第220—221页。
② ［宋］朱熹：《四书章句集注》，北京：中华书局，2011年，第221页。
③ ［宋］朱熹：《四书章句集注》，北京：中华书局，2011年，第312页。

也。知其性，则知天矣。存其心，养其性，所以事天也。殀寿不贰，修身以俟之，所以立命也。”[①]

透过前述材料也可以发现，“圣人贵让”是《国语》中广泛出现的具有普遍性意义的思想观念，不过，《国语》涉及“让”的记载从来都不是孤立的，而是和其他具体的德性如德、义、敬联系在一起的。单靖公是周王室卿士，晋国大夫羊舌肸对其有很高的评价，认为其必有“章誉蕃育之祚”[②]，甚至认为其可以成为东周中兴的支柱。他说：

异哉！吾闻之曰：“一姓不再兴。”今周其兴乎？其有单子也。昔史佚有言曰：“动莫若敬，居莫若俭，德莫若让，事莫若咨。”单子之贶我，礼也，皆有焉。夫宫室不崇，器无彤镂，俭也；身耸除洁，外内齐给，敬也；宴好享赐，不逾其上，让也；宾之礼事，放上而动，咨也。如是而加之以无私，重之以不淆，能避怨矣。居俭动敬，德让事咨，而能避怨，以

① ［宋］朱熹：《四书章句集注》，北京：中华书局，2011年，第327页。
② 徐元诰：《国语集解》，王树民、沈长云点校，北京：中华书局，2002年，第105页。

为卿佐，其有不兴乎！[①]

史佚即尹佚，是西周初年著名的史官，可见敬、俭、让、咨是周代历史上一以贯之的为臣之道，而且是极高的标准，一般人很难达到。不然，羊舌肸也不会发出“今周其兴乎？其有单子也”的感叹了。不过，羊舌肸和史佚关于这四德的排序存在着差异，史佚是以“敬”为首，而羊舌肸以“俭”为首。“敬”更强调在朝廷之治事，动静有礼，如此才能长久；“俭”更多则是内居之方式，取用有度，如此则“易容”，也就是更容易获得上下之认可。二者之间的差异亦反映了其所处的社会背景的不同。西周初年，百事俱举、百业俱兴，宜强调“动敬”以确立秩序；东周时王室衰微，财用疲敝，取用有度、居家尚俭成为人们普遍关注的内容。“让”则以“礼”为据，这里主要是礼让之义，“让”可以“远怨”。“咨”即“放上而动”，也就是依上而动，“必与上咨”则可以“寡失”。以上是羊舌肸在与单靖公交往中得出的评价。此外，羊舌肸与单靖公在交往中还

① 徐元诰：《国语集解》，王树民、沈长云点校，北京：中华书局，2002年，第102—103页。

有一个细节，他们的言谈中曾涉及《诗经》中的一篇诗歌，即《昊天有成命》。这首诗是赞颂周成王之德。诗曰："昊天有成命，二后受之，成王不敢康。夙夜基命宥密，於缉熙，亶厥心，肆其靖之。"[①] 羊舌肸对这首诗进行了分析，他说："夫道成命者而称昊天，翼其上也。二后受之，让于德也。成王不敢康，敬百姓也。夙夜，恭也。基，始也。命，信也。宥，宽也。密，宁也。缉，明也。熙，广也。亶，厚也。肆，固也。靖，和也。其始也，翼上德让而敬百姓。其中也，恭俭信宽，帅归于宁。其终也，广厚其心以固和之。始于德让，中于信宽，终于固和，故曰成。"[②] 羊舌肸将这首诗呈现出的成王之德直接称为"成德"，具体包括"翼其上""让于德""敬百姓"，其核心即是"敬"与"让"。在羊舌肸看来，"单子俭敬让咨，以应成德"[③]，韦昭解释"应"为"当"，即单靖公之德可以与"成德"相当。羊舌肸还说道："单子朝夕不忘成王之德，可谓不忝前哲矣。膺

① 徐元诰：《国语集解》，王树民、沈长云点校，北京：中华书局，2002年，第103页。
② 徐元诰：《国语集解》，王树民、沈长云点校，北京：中华书局，2002年，第103—104页。
③ 徐元诰：《国语集解》，王树民、沈长云点校，北京：中华书局，2002年，第104页。

保明德，以佐王室，可谓广裕民人矣。若能类善物，以混厚民人者，必有章誉蕃育之祚，则单子必当之矣，单若有阙，必兹君之子孙实续之，不出于他矣。”[①] 可谓评价极高。

在《国语》中，“让”还直接体现在对于“利”（尤其是自然之利）的态度上，在此意义上，“圣人贵让”亦是义利之辨的延伸，或者说，是其另外一种表现形式。

对君主而言，应该遵循“让”的原则而先民之利，“缩取备物，以镇抚百姓”[②]。董仲舒说：“故已有大者，不得有小者，天数也。夫已有大者，又兼小者，天不能足之，况人乎！故明圣者象天所为，为制度，使诸有大奉禄亦皆不得兼小利，与民争利业，乃天理也。”[③] 苏舆解释说：“因乘富贵之资力，而与民争利于下，民安能如之哉？”[④] 而对于普通社会成员而言，亦需要普遍遵循，将其视为与人相处的重要方式。此外，不仅仅是

① 徐元诰：《国语集解》，王树民、沈长云点校，北京：中华书局，2002年，第104—105页。
② 徐元诰：《国语集解》，王树民、沈长云点校，北京：中华书局，2002年，第53页。
③ ［清］苏舆：《春秋繁露义证》，钟哲点校，北京：中华书局，2002年，第230页。
④ ［清］苏舆：《春秋繁露义证》，钟哲点校，北京：中华书局，2002年，第230页。

“兼利”,《国语》还反对“专利”:

夫利，百物之所生也，天地之所载也，而或专之。其害多矣。天地百物，皆将取焉，胡可专也。……夫王人者，将导利而布之上下者也，使神人百物无不得其极，犹日怵惕，惧怨之来也。……匹夫专利，犹谓之盗，王而行之，其归鲜矣。①

这段材料表明了一个基本事实：天地自然是“利”的基本来源，“天地成百物，民皆将取用之，何可专其利也”②。不仅仅是人类，自然万物亦是“利”的享有者，任何物类均无专享之权。这其实正是对人类中心主义的克服，人类是自然万物的一分子，并不能专享自然之利，要充分考虑到自然万物的基本需求，这也符合天人合一的内在要求。从这个意义上说,《国语》中的义利之辨，其实已经延伸至人与自然的关系之中，不仅仅是政治哲学的内容，更具有重要的生态意义。

① 徐元诰：《国语集解》，王树民、沈长云点校，北京：中华书局，2002年，第13—14页。

② 徐元诰：《国语集解》，王树民、沈长云点校，北京：中华书局，2002年，第13页。

第五章

《国语》中的生态共同体论：对天地自然的道德关怀与实践

在中国传统文化的视域中，人类不仅要以德性来规范和约束自身的主体性行为，还要从更为积极的层面上去主动地关怀自然万物，从而形成包含人与自然万物在内的生态共同体。也就是说，生态共同体的范围不仅是人类，更扩展至鸟兽、山川、土地等自然世界。

关于此，《国语》中亦有大量记载，体现了人们对于动物、土地、山川等的道德关怀，极具生态意义。《国语》将山林薮泽视为“天之所支”[①]“国之宝”[②]，充分肯定了自然之于国家的重要意义及其之于自然万物的天道价值，并提出“祖识地德”[③]“国主山川”[④]等思想，从而构成了其“上下、内外、大小远近皆无害”的生态共同体思想。

---

① 徐元诰：《国语集解》，王树民、沈长云点校，北京：中华书局，2002年，第130页。

② 徐元诰：《国语集解》，王树民、沈长云点校，北京：中华书局，2002年，第527页。

③ 徐元诰：《国语集解》，王树民、沈长云点校，北京：中华书局，2002年，第194页。

④ 徐元诰：《国语集解》，王树民、沈长云点校，北京：中华书局，2002年，第384页。

第一节 “生态共同体”概述

乔清举教授通过对西方环境伦理学及哲学基础的反思总结出较为深层的哲学问题，具体包括四个方面：“首先是道德共同体的范围问题，即道德这个历史上一直属于人类的事情能否扩展到动物、植物甚至没有生命的山河大地等？也就是说，它们是不是道德共同体的成员？其次是生命的范围有多大，山河大地是不是都有生命？再次是价值是不是仅仅和生命同一？无机存在物有没有价值？如果有，该如何判定其价值？判定价值的哲学基础是什么？最后是当对人的义务和对自然的义务发生冲突时，根据什么原则来化解和调和等？”[1] 这四个方面其

① 乔清举：《建立基于中国哲学原则的环境伦理学》，《中国哲学史》，2005年第3期，第22—30页。

实正涵盖了生态共同体的基本内容。其中，道德共同体是生态共同体的核心和主要表现形式；而其依据即在于对自然界中生命和价值的普遍性确认，从另外一重意义上说，生命共同体和价值共同体亦是生态共同体的表现形式；就其实质而言，生态共同体所反映的依然是人与自然的关系，是对人与自然所存在的张力（尤其表现为现代社会的生态危机）进行调和的一种方式。

生态共同体的思想是西方生态学中的重要内容。利奥波德指出："只有当人们在一个土壤、水、植物和动物都同为一员的共同体中，承担起一个公民角色的时候，保护主义才会成为可能；在这个共同体中，每个成员都相互依赖，每个成员都有资格占据阳光下的一个位置。"① 他还重点探讨了共同体中的土地伦理："土地伦理是要把人类在共同体中以征服者的面目出现的角色，变成这个共同体中平等的一员和公民。他暗含着对每个成员的尊敬，也包括对这个共同体本身的尊敬。"② 可以发现，利

① ［美］奥尔多·利奥波德：《沙乡年鉴》，侯文蕙译，长春：吉林人民出版社，1997年，第216页。
② ［美］奥尔多·利奥波德：《沙乡年鉴》，侯文蕙译，长春：吉林人民出版社，1997年，第194页。

奥波德的共同体思想，其关键点是人类在共同体中角色的转变，即由“征服者”转变成为“平等的一员”。如果结合西方哲学史上对于人与自然关系的认识，就可以理解利奥波德所谓角色变化的含义。戴斯·贾丁斯通过综述亚里士多德、托马斯·阿奎那、康德、笛卡尔等人对于人与自然关系的观点之后[①]，总结说：“总之，对大多持西方传统的哲学家来说，只有人类才有道德身份。几乎没有哲学家去考虑其他存在是否有道德身份，考虑这个问题的则否认任何自然客体的道德地位。”[②]又说：“事实上，这个传统对开发和支配大自然提供了理论基础，应当部分地对当前的环境危机负责。”[③]也就是说，利奥波德的土地伦理与共同体思想实际上即代表着对于此传统进行反思的其中一种观点。

保罗·泰勒则提出了“生物中心展望”的概念，是“一种感受自然的方式”，是“一系列信念”，“它概念化了我们与其

---

① ［美］戴斯·贾丁斯：《环境伦理学》，林官明、杨爱民译，北京：北京大学出版社，2002年，第106–108页。

② ［美］戴斯·贾丁斯：《环境伦理学》，林官明、杨爱民译，北京：北京大学出版社，2002年，第108页。

③ ［美］戴斯·贾丁斯：《环境伦理学》，林官明，杨爱民译，北京：北京大学出版社，2002年，第108页。

他生物之间的关系。它给出了关于自然世界及我们与自然之间关系的世界观”[①]。具体而言，戴斯·贾丁斯认为其包含四个中心信条：“其一，人类与其他生命一样，在同样意义上同样条件下被认为是地球生命团体中的成员。其二，包括人类的所有物种是互相依赖的系统的一部分。其三，所有生物以其自己的方式追寻自身的善（生命信仰之目的中心）。其四，人类被理解为并非天生地超越其他生命。”[②]可以发现，作为一种“世界观”或“信念”，其所呈现的亦是一种生态共同体的思想。当然，这里反复强调的概念是“生物”“物种”“生命”，是一种生物中心论，强调的是人类与其他生命的同等地位，并以此感受自然、尊重自然。

在西方生态哲学发展的较早时期，还出现了“动物解放/权利论”，如法国环境伦理学思想家阿尔贝特·史韦泽指出，“我们意识到：伦理不仅于人，而且于动物也有关，动物和我们一样渴求幸福，承受痛苦和畏惧死亡。那些保持着敏锐感受性

① ［美］戴斯·贾丁斯：《环境伦理学》，林官明、杨爱民译，北京：北京大学出版社，2002年，第160页。
② ［美］戴斯·贾丁斯：《环境伦理学》，林官明、杨爱民译，北京：北京大学出版社，2002年，第160页。

的人，都会发现同情所有动物的需要是自然的。这种思想就是承认：对动物的善良行为是伦理的天然要求”[①]。

整体来看，在西方生态思想史上，比较清晰地展现出由人类中心主义向非人类中心转变，以及道德共同体范围不断扩大（由动物解放/权利论、到生物中心论、再到生态中心论）[②]的特点。以此反观中国传统的生态哲学，可以发现，生态共同体思想是其一以贯之的传统（不存在由人类中心主义向非人类中心转变）；而且从一开始就具备一种整体主义的“爱人以及物”特点（不同于西方思想史上道德共同体范围不断扩大）；更重要的是，中国文化中具有人为天地立心的传统，并非简单地从“道德代理人”扩展至“道德顾客”的范围，而是强调二者的内在统一性，并且是人与自然更高层次的统一。

孟子提出：“君子之于物也，爱之而弗仁；于民也，仁之而

---

① ［法］阿尔贝特·史韦泽：《敬畏生命》，陈泽环译，上海：上海社会科学出版社，1996年，第88页。

② 曹明德：《从人类中心主义到生态中心主义伦理观的转变——兼论道德共同体范围的扩展》，《中国人民大学学报》，2002年第3期，第41—46页；岳友熙、岳翔宇：《论生态伦理视阈下道德共同体的重建》，《枣庄学院学报》，2013年第3期，第66—77页。

弗亲。亲亲而仁民，仁民而爱物。”[①] 董仲舒说：“质于爱民，以下至于鸟兽昆虫莫不爱。不爱，奚足谓仁？”[②] 朱熹解释孟子的恻隐之心说：“仁是根，恻隐是萌芽。亲亲、仁民、爱物，便是推广到枝叶处。”[③] 可见，“爱物”是中国文化传统中一以贯之的思想。晚清时期康有为亦继承了儒家“仁民爱物”的价值观念，他说：“次当德及鸟兽，信及豚鱼。言人道，则一夫不得所，时予之辜；言鸟兽道，则一物不得所，亦时予之辜也。”[④] 不仅鸟兽、豚鱼等生命体，“爱物”的范围还应包括山、水、土、石等存在物。蒙培元指出：“这不仅因为它们是对人‘有用’的，而且因为它们是一切生命得以生存、发展的条件和基础，山河大地本身是有生命力的，它就是人类的‘家园’。‘仁民’与‘爱物’也有不同，但是，人的本质却没有变化，都是出于一种生命关怀与爱。其所以能够如此，是由于人与万物是

① ［宋］朱熹：《四书章句集注》，北京：中华书局，2011年，第340页。
② ［清］苏舆：《春秋繁露义证》，钟哲点校，北京：中华书局，2002年，第251页。
③ ［宋］黎靖德：《朱子语类》第1册，王星贤点校，北京：中华书局，1994年，第118页。
④ 康有为：《春秋笔削大义微言考》，《康有为全集》（第六集），北京：中国人民大学出版社，2007年，第309页。

‘一气相通’、一理相贯的，也就是说，人与万物是生命相通、息息相关的。”[①]

因此，“普天下世界人物，无有愚顽暗污之性，山川草木并放光明，光辉相照”[②]才应该是人类所希冀达到的理想状态，这亦符合传统儒家和现代生态哲学的宗旨。“仁”的发用流行过程是与宇宙大化的过程相一致的。罗尔斯顿指出：“在我们所生存的这个进化中的生态系统中，确实有着美丽、稳定与完整。这个世界有一种自然的、现实的朝向生命的趋势，尽管我们不能把这作为一条普遍规律。”[③]美丽、稳定与完整正是源自宇宙万物的内在和谐，这需要人将“不忍人之心”扩充至万物，延伸至一切生命，乃至无生命的存在。张灏指出：“蕴涵在儒家‘天人合一’世界观的语言中，自我修养和道德秩序的追求也获得了一种宇宙性意义。从这种世界观的角度看，自我修养是一种具有融入万有宇宙整体目的的自我超越的努力。基于同样原因，

---

① 蒙培元：《人与自然——中国哲学生态观》，北京：人民出版社，2004年，第10页。

② 康有为：《中庸注》，《康有为全集》（第五集），北京：中国人民大学出版社，2007年，第392页。

③ ［美］霍尔姆斯·罗尔斯顿 Ⅲ：《哲学走向荒野》，刘耳、叶平译，长春：吉林人民出版社，2000年，第77页。

道德秩序也被设想为一种宇宙整体的精神同一体。”[①] 人作为天地之中至灵的生物，必须将其“不忍人之心”推广至天地万物，这样才能赞天地之化育。

关于此，《国语》中亦有大量的记载，体现着人们对于动物、土地、山川等的道德关怀，极具生态意义。如前文所述，楚国大夫伍举曾说：“夫美也者，上下、内外、大小、远近皆无害焉，故曰美。……且夫私欲弘侈，则德义鲜少；德义不行，则迩者骚离而远者距违。”[②] 伍举是以此劝诫楚王不要执着于章华之台，这是在“敛民利以成其私欲”[③]，并非真正的“美”。真正的“美”是以“行德义”为基础的，而“行德义”的最终目标则是远近大小皆安，“其有美名也，唯其施令德于远近，而小大安之也”[④]。伍举的言论虽然是针对政治生活而言，但其实具有普遍性的意义，适用于人类的一切活动。作为君主，要施德于

---

① ［美］张灏：《危机中的中国知识分子——寻求秩序与意义》，高力克、王跃译，北京：新星出版社，2006年，第21页。

② 徐元诰：《国语集解》，王树民、沈长云点校，北京：中华书局，2002年，第495页。

③ 徐元诰：《国语集解》，王树民、沈长云点校，北京：中华书局，2002年，第495页。

④ 徐元诰：《国语集解》，王树民、沈长云点校，北京：中华书局，2002年，第495页。

民;作为人类,要施德于天地自然。这也是生态共同体的基本要求。具体而言,《国语》将山林薮泽视为“天之所支”[①]“国之宝”[②],充分肯定了自然之于国家的重要意义及其之于自然万物的天道价值,并提出“祖识地德”[③]“国主山川”[④]等思想,从而构成了“上下、内外、大小远近皆无害”的生态共同体思想。

---

① 徐元诰:《国语集解》,王树民、沈长云点校,北京:中华书局,2002年,第130页。
② 徐元诰:《国语集解》,王树民、沈长云点校,北京:中华书局,2002年,第527页。
③ 徐元诰:《国语集解》,王树民、沈长云点校,北京:中华书局,2002年,第194页。
④ 徐元诰:《国语集解》,王树民、沈长云点校,北京:中华书局,2002年,第384页。

第二节 “天之所支，不可坏也”：生态共同体视域下的山薮川泽

一、“足以备财用”：山薮川泽之于人类的价值

周敬王时，王子朝作乱，在晋国的帮助下，“王入于成周，子朝奔楚”[①]。不过，王子朝的余党留在王城者甚多，周敬王畏之，而迁于成周。因此，刘文公、苌弘派人去晋国，并请其召集诸侯修筑了周城。卫国大夫彪傒听说此事后，向单穆公表达了自己的观点，他认为苌弘是“欲以天道补人事”[②]，刘文公

① 徐元诰：《国语集解》，王树民、沈长云点校，北京：中华书局，2002年，第129页。

② 徐元诰：《国语集解》，王树民、沈长云点校，北京：中华书局，2002年，第132页。

则是“用巧变以崇天灾，勤百姓以为己名”[1]，必然会引致祸殃。他说：

周诗有之曰：“天之所支，不可坏也。其所坏，亦不可支也。”昔武王克殷而作此诗也，以为饫歌，名之曰“支”，以遗后之人，使永监焉。夫礼之立成者为饫，昭明大节而已，少曲与焉。是以为之日惕，其欲教民戒也。然则夫“支”之所道者，必尽知天地之为也。不然，不足以遗后之人。[2]

“支”即支柱、支撑，“天之所支”即天地运行和政治统治的基本支柱，“支”必须时时警惕，不能有任何损坏，“永监”即永远引以为鉴，“欲民知戒慎也”。为了“昭明大节”，“饫”即被规定为“礼之立成者”，也就是要站立完成，且较少繁文缛节，“言饫礼所以教民敬戒，昭明大体而已，故其诗乐少，章曲

① 徐元诰：《国语集解》，王树民、沈长云点校，北京：中华书局，2002年，第133页。
② 徐元诰：《国语集解》，王树民、沈长云点校，北京：中华书局，2002年，第130页。

威仪少，比类也”[①]。在彪傒的观念中，饫歌所蕴含的道理必然是符合“天地之为”，也就是符合天地运行的基本规律，如此才能真正地流传于后世，而成为规范后人行为的普遍遵循。如果“天之所支”受到损坏，则是无所救的，“水火之所犯犹不可救，而况天乎？”[②]在彪傒看来，刘文公、苌弘此举正是试图“支天之所坏”[③]。彪傒之所以做出如此论断，是基于他对于周幽王以来的政治形势的认识，他说：“自幽王而天夺之明，使迷乱弃德，而即慆淫，以亡其百姓，其坏之也久矣。而又将补之，殆不可矣！”[④]

那么，彪傒所谓的幽王“坏之也久矣”的“天之所支”到底是指向什么呢？他给出了具体的解释，他说：“夫周，高山、广川、大薮也，故能生是良材，而幽王荡以为魅陵、粪土、沟

---

① 徐元诰：《国语集解》，王树民、沈长云点校，北京：中华书局，2002年，第130页。
② 徐元诰：《国语集解》，王树民、沈长云点校，北京：中华书局，2002年，第130页。
③ 徐元诰：《国语集解》，王树民、沈长云点校，北京：中华书局，2002年，第130页。
④ 徐元诰：《国语集解》，王树民、沈长云点校，北京：中华书局，2002年，第130页。

渎，其有悛乎？”[1] 在这里，天之所支即是“良材”，具体则是指自然界中的高山、广川、大薮等事物，这是对其价值的肯定。彪傒将高山、广川、大薮称为“天之所支”，楚国大夫王孙圉则将山林薮泽称为“国之宝”。

《国语·楚语》记载，王孙圉出使晋国，赵简子身佩鸣玉赞礼，并问及楚国的宝玉白珩。在王孙圉的回答中，白珩并未被楚国视为“国之宝”，而仅是先王之玩物。而关于真正的国之宝，王孙圉则说：

圉闻国之宝六而已。圣能制议百物，以辅相国家，则宝之；玉足以庇荫嘉谷，使无水旱之灾，则宝之；龟足以宪臧否，则宝之；珠足以御火灾，则宝之；金足以御兵乱，则宝之；山林薮泽足以备财用，则宝之。若夫哗嚣之美，楚虽蛮夷，不能宝也。[2]

① 徐元诰：《国语集解》，王树民、沈长云点校，北京：中华书局，2002年，第132页。
② 徐元诰：《国语集解》，王树民、沈长云点校，北京：中华书局，2002年，第527页。

王孙圉所说的“国之宝六”大致可以分为三类：其一，能够议定制度，协助治理国家的“明王圣人”。在王孙圉看来，观射父和左史倚相即楚之所宝者，他说：“楚之所宝者曰观射父，能作训辞，以行事于诸侯，使无以寡君为口实。又有左史倚相，能道训典以叙百物，以朝夕献善败于寡君，使寡君无忘先王之业，又能上下说于鬼神，顺道其欲恶，使神无有怨痛于楚国。”①“作训辞以行事于诸侯”是强调观射父在楚国与其他诸侯国的相互交往活动中的贡献，即“以训辞交结诸侯”。而左史倚相的价值则主要在内政，即以先王之遗训典籍规劝楚君，并能够上下取悦于鬼神，为楚国营造良好的社会政治秩序；其二，与国家百姓的政治社会生活密切相关的一些珍异之物，如玉、龟、珠、金。也就是说，不是所有的珍异之物都可视之为宝物，而是能够具备一定的对于国计民生的价值。比如，“玉足以庇荫嘉谷”，这里的玉是指祭祀之玉，能够使鬼神庇荫五谷，消弭水旱之灾，则宝之。珠在古代被视为“蚌之阴精”或“水

① 徐元诰：《国语集解》，王树民、沈长云点校，北京：中华书局，2002年，第526页。

精”,《淮南子·说山训》记载“渊生珠而岸不枯”[①],所以能够胜火,而被视为国宝。龟甲能够被视为国宝,是因其能够臧否善恶;金属能够被视为国宝,是因为其能够防御兵乱。而赵简子身佩鸣玉,在王孙圉看来,不过是“哗嚣之美”;其二,能够给国家百姓提供财用的“山林薮泽”,也就是前述“天之所支”。王孙圉将楚国的云梦泽视为国之宝,“又有薮曰云连徒洲,金木竹箭之所生也。龟、珠、角、齿、皮、革、羽、毛,所以备赋以戒不虞者也,所以共币帛,以宾享于诸侯者也”[②]。这里强调的是薮泽的生殖之义,是其他国之宝(金、龟、珠)的重要来源,因而更具有根本性的意义。

“天之所支”“国之宝”均具有价值意义,是将自然纳入生态共同体的重要体现。当然,在这里,其价值主要体现为对于国家财用的意义,如王孙圉所说的“山林薮泽足以备财用”,强调的是对人类的使用价值或工具价值,其依据依然是人。对

① 刘文典:《淮南鸿烈集解》,冯逸、乔华点校,北京:中华书局,1989年,第522页。
② 徐元诰:《国语集解》,王树民、沈长云点校,北京:中华书局,2002年,第526—527页。

自然来说，强调的则是其外在价值。关于这一点，《国语》中多有记载：

民之有口，犹土之有山川也，财用于是乎出；犹其原隰之有衍沃也，衣食于是乎生。①

夫旱麓之榛楛殖，故君子得以乐易干禄焉。若夫山林匮竭，林麓散亡，薮泽肆既，民力凋尽，田畴荒芜，资用乏匮，君子将险哀之不暇，而何乐易之有焉？②

这段材料蕴含的基本逻辑是：山林薮泽乃是提供财用的基础，亦是君子易乐之本；既提供物质基础，亦提供精神基础。按照马克思的观点，自然是“人的无机的身体”，“从理论领域说来，植物、动物、石头、空气、光等等，一方面作为自然科学的对象，一方面作为艺术的对象，都是人的意识的一部分，是人的精神的无机界，是人必须事先进行加工以便享受和消化

① 徐元诰：《国语集解》，王树民、沈长云点校，北京：中华书局，2002年，第13页。
② 徐元诰：《国语集解》，王树民、沈长云点校，北京：中华书局，2002年，第107页。

的精神食粮；同样，从实践领域来说，这些东西也是人的生活和人的活动的一部分。……在实践上，人的普遍性正表现在把整个自然界——首先作为人的直接生活资料，其次作为人的生命活动的材料、对象和工具——变成人的无机的身体。自然就其本身不是人的身体而言，是人的无机的身体”[①]。这一论述充分说明了自然万物之于人类的多重价值，同时亦指明了人与自然万物的共同体关系。

在儒家的祭祀文化中，亦包含着关于土地、山川的共同体思想，“加之以社稷、山川之神，皆有功烈于民者也。及前哲令德之人，所以为明质也。及天之三辰，民所以瞻仰也。及地之五行，所以生殖也。及九州名山川泽，所以出财用也。非是不在祀典”[②]。土地、山川是民众繁衍生息和获取财用的重要基础和来源，因而被纳入国家祀典之中，以表达敬畏和感恩。关于山脉对人类存在的意义，《国语·晋语》提出“国主山川”[③]，即山

① ［德］马克思、［德］恩格斯：《马克思恩格斯全集》第42卷，北京：人民出版社，1979年，第95页。
② 徐元诰：《国语集解》，王树民、沈长云点校，北京：中华书局，2002年，第161页。
③ 徐元诰：《国语集解》，王树民、沈长云点校，北京：中华书局，2002年，第384页。

川是国家的主导、依靠和根本。[1]这一说法包含了对山脉之于人类存在的意义的认识以及人对山脉的敬畏态度，值得肯定。关于土地，《国语》提出“祖识地德”[2]，下文将详述。

二、“物有所归”：山薮川泽的天道价值

在前述《国语·周语》中太子晋谏周灵王壅谷水的记载中，除了表达对“二川之神”所蕴含的自然神意力量的敬畏以及对“川，气之导也”自然规律的认识之外，亦对山、薮、川、泽使“物有所归”的意义进行了论述。

夫山，土之聚也。薮，物之归也。川，气之导也。泽，水之钟也。夫天地成而聚于高，归物于下。疏为川谷，以导其气。陂塘汙庳，以钟其美。是故聚不阤崩，而物有所归。气不

① 乔清举：《儒家生态思想通论》，北京：北京大学出版社，2013年，第146页。
② 徐元诰：《国语集解》，王树民、沈长云点校，北京：中华书局，2002年，第194页。

沈滞，而亦不散越。是以民生有财用，而死有所葬。然则无夭昏札瘥之忧，而无饥寒乏匮之患，故上下能相固，以待不虞。古之圣王，唯此之慎。①

“物有所归”即万物各有归养之地，民众的物质生活才能得以维系和支撑，“生有财用，而死有所葬”②，韦昭解释说：“物有所归，故生有财用。山陵不崩，故死有所葬。”③孟子就曾把“养生送死无憾”视为王道政治得以实现的具体条件。物质生活得以充实，远离生命中的夭折、狂惑、疫死、疾病和生活中的饥饿、寒冷、劳困、财匮等忧患之事，民众的心理亦会自足。依此，民生、民心才能得以“相固”。

此外，“物有所归”亦已经涉及山薮川泽的内在价值或存在价值。乔清举教授区分了自然物的工具性价值与内在价值，他说：“事物的存在价值也是自然物的内在价值，是它对于自然本

① 徐元诰：《国语集解》，王树民、沈长云点校，北京：中华书局，2002年，第93页。
② 徐元诰：《国语集解》，王树民、沈长云点校，北京：中华书局，2002年，第93页。
③ 徐元诰：《国语集解》，王树民、沈长云点校，北京：中华书局，2002年，第93页。

身的意义；而它对于人的意义则是它的工具性价值。一个自然物对于它自身、另一物、整个自然过程的意义或作用，都是自然范围内的事情，故可视为因其自身的缘故而具有的价值，也就是它的内在价值。”[①]又说：“事物之具有内在价值，根据不是理性，不是自我意识，不是自律，不是作为目的，否则任何非人之物都不具有内在价值；而是它作为道的过程的一个环节的价值，包括自我同一性、对于他物的意义等等，这些都是在道的过程之内的，所以都是事物的内在价值。”[②]在此基础上，乔清举教授还提出了“天道价值”的概念：“如果说存在论是一种天道论，那么我们可以说，存在论价值也就是天道价值论。天道价值论就是从天道来看自然事物，从其作为天道的一个环节来确定其价值。”[③]

“川，气之导也”即典型地表现了古人对于河流的内在价值和生态作用的认识。[④]现代科学认为，河流具有重要的生态作用。

① 乔清举：《儒家生态思想通论》，北京：北京大学出版社，2013年，第31页。
② 乔清举：《儒家生态思想通论》，北京：北京大学出版社，2013年，第31页。
③ 乔清举：《儒家生态思想通论》，北京：北京大学出版社，2013年，第31页。
④ 此段文字的写作吸收了乔清举教授《儒家生态思想通论》中的相关研究内容，详见乔清举：《儒家生态思想通论》，北京：北京大学出版社，2013年，第152—155页，特此说明并致谢忱。

首先，河流是自然界水循环的重要环节，水循环是生态圈的重要组成部分。其次，河流自身也构成一个生态系统。河水、湖泊、湿地中生存着种类繁多的生物，有不少是珍稀物种，它们共同构成一个河流生态系统。对于生物、生态圈来说，最具有意义的是自然界的水分循环。[①] 人类生存所需要的水，根本上是靠循环带来的。我们常说没有水就没有生命，其实，即使有水，如果水都处于静止状态而不循环，也同样是不会有生命的。中国哲学的“导气”理论概括了水汽的蒸发和循环。川，河流，作为一种自然现象，发挥着导气促和的作用，这意味着河流是促进万物生长的一个不可缺少的环节。所谓“导气”，用科学语言来说是气的循环。关于循环，罗尔斯顿曾经指出：“生态学教导我们，应该大大扩展我们对于‘循环’一词的理解。人类生命是浮于以光合作用和食物链为基础的生物生命之上面而向前流动的，而生物生命又依赖于水文、气象和地质循环。”[②] 罗氏所说的水文、气象、地质的循环，都可以包含在中国古代气的

---

① 《简明不列颠百科全书》第7卷，北京：中国大百科全书出版社，1990年，第380页。

② ［美］霍尔姆斯·罗尔斯顿Ⅲ：《哲学走向荒野》，刘耳、叶平译，长春：吉林人民出版社，2000年，第104页。

循环之内。“川，气之导也”把河流与自然的其他部分视为一个统一的整体，具有整体性和统一性的观念；同时，这个命题又以阴阳观念为基础，说明了河流与自然的其他部分的联系、河流在自然中的作用；强调了河流对于人类的重要意义。近代以来的科学理论把河流作为索取和斗争对象，重视的是河流的工具性价值。以“川，气之导也”为代表的儒家文化重视的则是河流的内在价值和神意价值。

而且大禹在利用“高高下下，疏川导滞”的方式治水的过程中，实现了“钟水丰物”“丰殖九薮”，“钟”即“聚蓄水潦”，“丰物”即“丰殖百物”，从而优化了自然生态环境，促进了当时的生产实践。这才是大禹治水更为深远和根本的意义。“帅象禹之功，度之于轨仪，莫非嘉绩，克厌帝心。皇天嘉之，祚以天下，赐姓曰姒，氏曰有夏，谓其能以嘉祉殷富生物也。祚四岳国，命以侯伯，赐姓曰姜，氏曰有吕，谓其能为禹股肱心膂，以养物丰民人也。此一王四伯，岂繄多宠？皆亡王之后也。唯能厘举嘉义，以有胤在下，守祀不替其典。”[①] 这段文字中出现

① 徐元诰：《国语集解》，王树民、沈长云点校，北京：中华书局，2002年，第96—97页。

了四处“嘉”字:“嘉绩”“皇天嘉之”“嘉祉”“嘉义”，可谓是极高的评价。在中国传统思想中，“嘉”具有价值判断意义。《说文》说:“嘉，美也。”①《尔雅》说:“嘉，善也。”②《尚书·无逸》则有“嘉靖殷邦”③的说法，将“嘉”与“殷”联系在一起，其实已经涉及“嘉”的政治意义和生态意义。在此处，“嘉绩”“嘉祉”亦主要是指“殷富生物”“养物丰民”。从根本上来说，这是源于大禹治水之后对于自然环境和人类生存环境的整体优化。

在中国农学史上，徐光启对大禹治水亦具有类似的评价:“故用水一利，能违数害。调燮阴阳，此其大者。不然，神禹之功，仅抑洪水而已，抑洪水之事，则决九川距海，濬畎浍距川而已。何以遽曰水火金木土谷惟修，正德利用厚生惟和，一举而万事毕乎?”④徐光启指出，“用水一利，能违数害”，如:

① [汉]许慎撰，[清]段玉裁注:《说文解字注》，上海:上海古籍出版社，1981年，第205页。
② [晋]郭璞注，[宋]邢昺疏:《尔雅注疏》，李学勤主编，北京:北京大学出版社，1999年，第12页。
③ [汉]孔安国传，[唐]孔颖达疏:《尚书正义》，李学勤主编，北京:北京大学出版社，1999年，第431页
④ 徐元诰:《国语集解》，王树民、沈长云点校，北京:中华书局，2002年，第330页。

水可以通过“灌溉有法、瀸润无方”以“救旱”，通过“疏理节宣、可蓄可泄”以“救潦”，他说：“能用水，不独救旱，亦可弭旱。灌溉有法，瀸润无方，此救旱也。均水田间，水土相得，兴云歊雾，致雨甚易，此弭旱也。能用水，不独救潦，亦可弭潦。疏理节宣，可蓄可泄，此救潦也。地气发越，不致郁积，既有时雨，必有时旸，此弭潦也。”[①] 水利的生态价值最为直接的体现即是对于旱、潦灾害的预防与治理，但并不局限于此，其更重要的意义在于“调燮阴阳”，即对整体自然生态环境的优化功能。徐光启认为大禹治水的意义并非仅仅是抑制洪水，而是通过抑洪水调节五行，利用厚生，从而“一举而万事毕”[②]。徐光启所谓“一举而万事毕”也就是“嘉功”的具体体现，即前述“物有所归”“殷富生物”“养物丰民”。从根本上说，其实正是自然之利的实现，亦是对山、薮、川、泽存在价值的肯定。

需要指出的是，在上述《国语》材料中，“物有所归”“殷富生物”中的“物”在某种意义上也包含着人。这里蕴含着一

① ［明］徐光启：《农政全书》（上），《徐光启全集》（第6册），朱维铮、李天纲主编，上海：上海古籍出版社，2011年，第329页。

② ［明］徐光启：《农政全书》（上），《徐光启全集》（第6册），朱维铮、李天纲主编，上海：上海古籍出版社，2011年，第330页。

个基本事实，人的生命（包括人的个体生命和人类的生命）存在依赖于自然界，依赖于其他生命体以及山河大地等非生命体。也就是说，包含人在内的自然界的生命形式和非生命形式之间具有内在关联，而这种关联是人类存在和延续的基源性条件，甚至在某些时候还处于支配或者主宰的地位。

对此，有学者提出了人类发展过程中自然共同体和社会共同体的区分：“人作为类存在的演进，从整体的、有机的或系统的角度看，经历了从自然共同体到社会共同体的发生发展过程。”① 自然共同体具有如下特点：其一，人只是其中的普通成员，不具有特殊性，“人作为类存在曾经是这个共同体中的一个普通成员”。其二，自然共同体中不存在道德和责任，这是“赤裸裸的充斥着血腥的自然有机体的必然性”和“无所谓道德的原始状态的生存空间”。其三，自然共同体是历史的存在，人类已从中走出，“自然共同体曾经是人类在其系统发育史中的一种早期的历史存在形态”，并“孕育了人的社会共同体的诞生”，而且“人由于自身的特殊的文化进化的方式从这个共同体

① 郑慧子：《在自然共同体中人对自然有伦理关系吗？》，《自然辩证法研究》，2001年第12期，第1—4页。

中走了出来”[①]。

也就是说，在这一描述中，自然共同体与社会共同体更多地体现出一种“历时态”的关系。这为理解人类社会早期的存在方式提供了一种重要的视角。从这个视角看，《国语》中所记载的“事语”基本上是发生于中国西周至春秋时期，以及比西周更早的夏商甚至三皇五帝时期，正是刚刚走出自然共同体而社会共同体初步建立的阶段。因此，其中所涉及的人与自然的关系亦处于过渡时期，呈现出复杂多样的特点：一方面，人类崇拜和敬畏自然，保持着一种“原始协调的关系”；另一方面，人类通过其社会共同体参与到自然演化之中，表现出主体性的觉醒。

不过，需要进一步指出的是，作为一种存在方式，自然共同体与社会共同体亦具有基于历史延续性的“共时态”关系。其中所蕴含的最为原始的和基本的人与自然的共同体关系，也就是人类的存在方式，一直存在于人类发展的历史进程之中。

① 郑慧子：《在自然共同体中人对自然有伦理关系吗？》，《自然辩证法研究》，2001年第12期，第1—4页。

如前文所述，在《国语》中，山、林、薮、泽之所以被视为“天之所支”，就在于其能够“殷富生物”而使“物有所归”，这两者其实是互为条件的，体现了中国哲学中的“生命的相关性”原则。“人与自己生活于其中的周边环境、自然生态圈的生命都是密切相关的，人必须意识到与万物的生命的相关性，主动和自觉地对万物承担相应的义务，才能成为完整的人。生命的相关性原则，也是人对自然承担义务的必要条件。”①戴斯·贾丁斯指出：“在一个谐和稳定的关系中，群落的每个成员都是其他成员延续生命的‘资源’。……资源被利用了，但永远在系统中循环。群落就是以无数的这种依赖关系为特征，其健康由其长期稳定性和整体性来实现。”②

因此，人类需要从整体上和更根本的存在方式上来认识山、林、薮、泽之于生态共同体的意义。“天之所支，不可坏也”即蕴含着人类的存在和延续对于自然的依赖性关系以及人类对自然万物所应该承担的义务；而“其所坏，亦不可支也”更应该

① 乔清举：《建立基于中国哲学原则的环境伦理学》，《中国哲学史》，2005年第3期，第22—30页。

② ［美］戴斯·贾丁斯：《环境伦理学》，林官明、杨爱民译，北京：北京大学出版社，2002年，第214页。

成为当前人类实践活动的警示语。人类社会的早期，人们对自然界是充满着敬畏的，是以一种弱者的心态来看待这个“元气蒙鸿”的未知的世界的。在盘古开天辟地的相关记载中，人是由其“身之诸虫因风所感”而生，而且是在日月星辰、草木金石等形成之后。在这个由天地自然之物构成的序列中，人的位置是最低的。这也正是原初社会人与自然关系的一种体现。而随着人类社会的进步，尤其是近代以来，人们逐步习惯于以一种征服者的心态来审视自然界。这是人类中心主义与万物相处的方式，是一种自视为强者的方式。人在天地自然面前充满目的性、主动性甚至侵略性。需要注意的是，这仅仅是“方式”上的“征服者”，而非力量上的。面临人类肆无忌惮的侵略后，自然界所展现出来的才是真正使人类感到震撼的力量。现代生态危机恰恰是自然界“柔弱胜刚强”的现实注脚。[①] 若要应对这些危机，人类需要改变这种征服者的心态和与自然相处的方式。“生态意识告诉我们，人类只是生物群落中的一个成员，是‘生

---

① 王士良：《〈道德经〉中关于水的思想及其现代生态意蕴》，《哈尔滨工业大学学报（社会科学版）》，2017年第3期，第108—111页。

物公民'而不是自然的'统治者'。生态学将道德考虑的重心从个体转向了生物总体。"[1] 如此才能真正确立人与自然万物和谐统一的关系。

① [美]戴斯·贾丁斯:《环境伦理学》,林官明、杨爱民译,北京:北京大学出版社,2002年,第211页。

第三节 “祖识地德”：对土地的敬畏与感恩

在生态学的视野中，人与自然的关系是其核心问题，是其他具体问题展开的基本前提。而在人类活动的诸多领域中，农业生产无疑是与自然联系最为密切的形式，是人类向自然获取生存资料最初也是最基本的途径。农业的发展是人类之于自然界的认识和实践能力的重大进步，人类不再是简单地从自然界既有的环境中寻求天然的生活资料，而是通过农业活动进行有目的的生产。在这一关系中，人类具有主动性，积极展现自身认识和改造自然的能力，自然则具有被动性，但会对农业活动形成限制和反作用。中国古代以农立国，土地是农业之本，人们对于土地的生殖意义有更深入的认识。

按照礼制要求，每年春耕之前，天子应该举行亲自耕田的典礼，以示重视农耕之意，即籍田之礼。周宣王即位后，不举行籍田的典礼，虢文公于是对其进行了劝谏，他提出“民之大事在农”，并进行了详细的说明：

夫民之大事在农，上帝之粢盛于是乎出，民之蕃庶于是乎生，事之供给于是乎在，和协辑睦于是乎兴，财用蕃殖于是乎始，敦庬纯固于是乎成，是故稷为天官。[①]

这段文字清楚地说明了土地之于国家政权和社会生活的意义。供奉上帝的祭品、民众繁衍生息的衣食来源、国家的财政供给均依赖于农事活动。不仅如此，人们的心灵和精神亦得以敦厚纯固，人与人之间的关系亦得以和睦亲善，其凝聚力亦得以增强。

按照《国语》的记载，籍田之礼大致可以分为三个阶段：第一阶段，典礼之前的准备工作，其中最重要的就是太史“顺时脉土”。在古代，对于土地的使用亦需要遵循其自身的属性

① 徐元诰：《国语集解》，王树民、沈长云点校，北京：中华书局，2002年，第15—16页。

和时序，“古者，太史顺时脉土，阳瘅愤盈，土气震发，农祥晨正，日月底于天庙，土乃脉发”①。“顺时脉土”是太史的职责，就是要顺应时令对土地进行察看。到了春季阳气充盈之时，土气勃发。太史会在立春前九日将土气脉理发动的情况告知专门的农官，“自今至于初吉，阳气俱蒸，土膏其动。弗震弗渝，脉其满眚，谷乃不殖”②。春季阳气震发，土中所积聚的气脉必须进行疏导，否则会影响谷物的生长。徐光启在《农政全书》中即专门强调了在春季时节适时翻耕土壤以通土气的重要性，徐氏指出：“若寒暖之气，岂能掩在地中乎？”③阴阳调和乃是土地能够生物的必备条件，翻耕土壤即是为了通过阳气驱散其中郁结的湿冷之气，增强土壤的活力。按照籍田之礼的要求，农官通过太史了解到土令脉理发动的情况之后，需要向君主汇报，提醒其不可轻慢，应该恭敬地斋戒祓除。同时，君主派司徒告诫公卿、百吏、庶民各司其职进行具体的准备。

---

① 徐元诰：《国语集解》，王树民、沈长云点校，北京：中华书局，2002年，第16页。

② 徐元诰：《国语集解》，王树民、沈长云点校，北京：中华书局，2002年，第16—17页。

③［明］徐光启：《农政全书》（上），《徐光启全集》（第6册），朱维铮、李天纲主编，上海：上海古籍出版社，2011年，第126页。

第二阶段，礼制的具体实施。虢文公还对籍田之礼的详情进行了细致的说明，包括天子、公卿、百吏、庶民等的不同职责，以及斋宫、裸鬯、飨醴、籍田、徧诫、大徇等典礼的程序和要求。

及期，鬱人荐鬯，牺人荐醴，王裸鬯，飨醴乃行，百吏、庶民毕从。及籍，后稷监之，膳夫、农正陈籍礼，太史赞王，王敬从之。王耕一坺，班三之，庶人终于千亩。其后稷省功，太史监之。司徒省民，太师监之。毕，宰夫陈飨，膳宰监之。膳夫赞王，王歆太牢，班尝之，庶人终食。[①]

虢文公的描述烦琐而不失条理，君主、百官吏、庶民各行其责，协作完成，整个过程恭敬肃穆。这是籍田之礼的具体实施。

第三阶段则主要由农官承担，即在籍田之礼上对民众进行告诫。

① 徐元诰：《国语集解》，王树民、沈长云点校，北京：中华书局，2002年，第18—19页。

稷则徧诫百姓，纪农协功，曰："阴阳分布，震雷出滞。"土不备垦，辟在司寇。乃命其旅曰："徇。"农师一之，农正再之，后稷三之，司空四之，司徒五之，太保六之，大师七之，太史八之，宗伯九之，王则大徇。耨获亦如之。[①]

这其实强调的是籍田之礼的政治教化意义，最终所要达到的目的是："民用莫不震动，恪恭于农，修其疆畔，日服其镈，不解于时，财用不乏，民用和同。"[②] 即通过籍田之礼，民众在思想上和精神上皆为之震动，进而能够恭恭敬敬地修治田地，农耕时节不敢懈怠，财用得以增长，人们之间的关系亦得以和睦一致。当然，籍田之礼的政治教化意义并未局限于民众，亦包括君主，"是时也，王事唯农是务，无有求利于其官，以干农功，三时务农，而一时讲武，故征则有威，守则有财。若是，

① 徐元诰：《国语集解》，王树民、沈长云点校，北京：中华书局，2002年，第20页。
② 徐元诰：《国语集解》，王树民、沈长云点校，北京：中华书局，2002年，第21页。

乃能媚于神。而和于民矣，则享祀时至而布施优裕也”[①]。君主应该遵循农时，讲求农功，如此才能事神保民，维持社会政治的稳定和延续。

因此究其本质而言，籍田之礼其实是宣示人与自然关系的一种礼制，其目的是使人们“祖识地德”[②]，是将土地纳入生态共同体的重要体现。

“祖识地德”的典故出自于《国语·鲁语》：敬姜是中国古代有名的贤母，她“通达知礼，德行光明”，而且能够“匡子过失，教以法理”[③]。敬姜之子是公父文伯。一天早上，公父文伯下朝回家，去朝见其母亲敬姜，发现她正在织布。公父文伯对此表示忧虑，他说：“以歜之家而主犹绩，惧忓季孙之怒也，其以歜为不能事主乎！”[④]按照公父文伯的说法，自己出身大夫之家，且受到当政的季孙氏的恩宠，自己的母亲不应该再亲自织

---

① 徐元诰：《国语集解》，王树民、沈长云点校，北京：中华书局，2002年，第21页。

② 徐元诰：《国语集解》，王树民、沈长云点校，北京：中华书局，2002年，第194页。

③ 张敬注译：《列女传今注今译》，台北：台湾商务印书馆，1994年，第26页。

④ 徐元诰：《国语集解》，王树民、沈长云点校，北京：中华书局，2002年，第193—194页。

布，否则会被季孙氏认为自己没能很好地事奉母亲。敬姜则感叹说：“鲁其亡乎！使僮子备官而未之闻耶？”“僮子”即是指公父文伯，敬姜认为其虽已居官而未闻为政之道，因而对之进行教导，即上述“匡子过失，教以法理”。敬姜教导公父文伯的核心即是“劳”，也就是“君子劳心，小人劳力”。她论述天子之道说：

是故天子大采朝日，与三公、九卿祖识地德；日中考政，与百官之政事、师尹、维旅、牧、相宣序民事。少采夕月，与大史、师载，纠虔天刑，日入监九御，使洁奉禘、郊之粢盛，而后即安。[①]

整体上来看，敬姜描述了天子一天的主要活动：早上朝拜日神，感知大地生生之德，“地德所以广生”[②]；白天处理政事、民事；月升之后，观察天象吉凶；夜晚还要察看供奉天地祖宗

① 徐元诰：《国语集解》，王树民、沈长云点校，北京：中华书局，2002年，第194—196页。
② 徐元诰：《国语集解》，王树民、沈长云点校，北京：中华书局，2002年，第194页。

的祭品是否完备；等所有这些事情完成之后，天子才能就寝。在敬姜看来，天子、诸侯、卿大夫、士均是“劳心”者，各有其职责：“诸侯朝修天子之业命，昼考其国职，夕省其典刑，夜儆百工，使无慆淫，而后即安。卿大夫朝考其职，昼讲其庶政，夕序其业，夜庀其家事，而后即安。士朝受业，昼而讲贯，夕而习复，夜而计过无憾，而后即安。”[①]那么，除了“劳心”者之外，敬姜还对于庶人之事进行了论述：“自庶人以下，明而动，晦而休，无日以怠。”[②]她还论及庶人之事与土地的关系：

> 昔圣王之处民也，择瘠土而处之，劳其民而用之，故长王天下。夫民劳则思，思则善心生；逸则淫，淫则忘善，忘善则恶心生。沃土之民不材，逸也；瘠土之民莫不向义，劳也。[③]

① 徐元诰：《国语集解》，王树民、沈长云点校，北京：中华书局，2002年，第196页。
② 徐元诰：《国语集解》，王树民、沈长云点校，北京：中华书局，2002年，第197页。
③ 徐元诰：《国语集解》，王树民、沈长云点校，北京：中华书局，2002年，第194页。

在敬姜看来，不能一味地去追逐肥沃之地，对于瘠土亦应加以重视。当面临较为贫瘠的土地时，民众则需要付出更多的辛劳，“民劳于事，则思俭约，故善心生也”[①]。俭约是一种德性，亦是一种生活方式，其所彰显的是人的用度与自然的产出之间的一种关系。敬姜的论述充满个人理性主义和主观性愿望。她提出“民劳则思，思则善心生”，并不具备普遍性和必然性。不过，敬姜之所以得出这种认识，从根本上说是基于其对“地德”的认识，或者说，是人之“劳”与地之“德”的关系。在敬姜的描述中，劳力者不仅仅是庶人，亦包括王后及公侯、卿、士之夫人。她说：

王后亲织玄紞，公侯之夫人加之以纮、綖，卿之内子为大带，命妇成祭服，列士之妻加之以朝服，自庶士以下皆衣其夫。社而赋事，蒸而献功，男女效绩，愆则有辟，古之制也。君子劳心，小人劳力，先王之训也。自上以下，谁敢淫心舍力？[②]

---

① 徐元诰：《国语集解》，王树民、沈长云点校，北京：中华书局，2002年，第194页。
② 徐元诰：《国语集解》，王树民、沈长云点校，北京：中华书局，2002年，第197—198页。

“社而赋事，蒸而献功”分别指的是春分祭社安排农桑之事以及冬祭进献五谷布帛。这些都是民之大事，是民心民力和地之广生之德的结合。其中，“祖识地德”是前提，而人们亦需要劳心劳力，如此才能真正获取财用。这其实亦是“天人合一”在农事生产活动中的一种表现形式。

在敬姜的描述中，天子应“祖识地德”，庶人则应“劳力”以实现地德，从而肯定了土地在国家政治生活中的意义。《管子》即提出了“理国之道，地德为首”的思想：“理国之道，地德为首。君臣之礼，父子之亲，覆育万人，官府之藏，强兵保国，城郭之险，外应四极，具取之地，而市者天地之财具也，而万人之所和而利也。”[①]《汉书·食货志》则提出“理民之道，地著为本”[②]。“地德”主要体现为广生之德，强调的是其生殖意义，“什么是土地之性？一言以蔽之，就是生养万物。如何尽土地之性？那就是使它能够充分发挥生养作用”[③]。利奥波德对土地的广生之德进行了具有近代科学意义的解释，他说：“土地

① 黎翔凤：《管子校注》，梁运华整理，北京：中华书局，2004年，第498页。
② ［汉］班固：《汉书》第二册，北京：中华书局，2012年，第1027页。
③ 乔清举：《儒家生态思想通论》，北京：北京大学出版社，2013年，第132页。

并不仅仅是土壤，它是能量流过一个由土壤、植物，以及动物所组成的环路的源泉。食物链是一个使能量向上运动的活的通道，死亡和衰败则使它又回到土壤。这个环路不是封闭的，某些能量消散在衰败之中，某些能量靠从空中吸收而得到增补，某些则贮存在土壤、泥炭，以及年代久远的森林之中。这是一个持续不断的环路，就像一个慢慢增长的旋转着的生命储备处。”[①]“生命储备处”无疑是对土地广生之德极其形象的说明。而且，这里还隐含着一种动态的整体主义的特点，从而揭示出了土地中“持续不断”的能量循环之于由动物、植物所构成的食物链的意义，也就是之于整个自然生态系统的意义。在这个过程中，土地本身亦体现为一种生命体或有机体，“我们不能再把土地当成只是个物体，是‘死’的，可被人们随心所欲地利用和改造的东西。土地应被看成是有机体，有健康与不健康之分，它会受到伤害，也会死”[②]。利奥波德提出“健康的土地”[③]

① ［美］奥尔多·利奥波德：《沙乡年鉴》，侯文蕙译，长春：吉林人民出版社，1997年，第205页。
② ［美］戴斯·贾丁斯：《环境伦理学》，林官明、杨爱民译，北京：北京大学出版社，2002年，第211页。
③ ［美］奥尔多·利奥波德：《沙乡年鉴》，侯文蕙译，长春：吉林人民出版社，1997年，第193页。

的思想："土地伦理反映着一种生态学意识的存在，而这一点反过来又反映了一种对土地健康负有责任的确认。健康是土地自我更新的能力，资源保护则是我们为了了解和保护这种能力的努力。"[①]保护土地"自我更新"的能力应该成为人类相关活动的基本遵循。这也是儒家生态思想的一贯传统。董仲舒说："恩及于土，则五谷成，而嘉禾兴；咎及于土，则五谷不成。"[②]这是"祖识地德"的必然要求，亦是生态共同体维系和运行的必然要求。

① ［美］奥尔多·利奥波德：《沙乡年鉴》，侯文蕙译，长春：吉林人民出版社，1997年，第209页。
② ［清］苏舆撰：《春秋繁露义证》，钟哲点校，北京：中华书局，2002年，第375页。

第四节 “蕃庶物”的生态意义

据《国语·鲁语》记载，鲁宣公曾经在某年的夏天置网于泗水深处以取鱼，大夫里革则“断其罟而弃之”，[①] 并对宣公进行了劝诫，他说：

古者大寒降，土蛰发，水虞于是乎讲罛罶，取名鱼，登川禽，而尝之庙，行诸国，助宣气也。鸟兽孕，水虫成，兽虞于是乎禁罝罗，矠鱼鳖，以为夏槁，助生阜也。鸟兽成，水虫孕，水虞于是禁罜罜，设穽鄂，以实庙庖，畜功用也。且夫山不槎蘖，泽不伐夭，鱼禁鲲鲕，兽长麑麇，鸟翼鷇卵，虫舍

① 徐元诰：《国语集解》，王树民、沈长云点校，北京：中华书局，2002年，第167页。

蚳蝝，蕃庶物也，古之训也。今鱼方别孕，不教鱼长，又行网罟，贪无艺也。①

里革的劝诫中最为核心的观念是恰当地处理人类用度和鸟兽虫鱼草木生长习性之间的关系。大寒之后，寒气逐渐减退，土地中处于蛰伏状态的虫子亦开始萌动，此时，掌管川泽之禁令的水虞讲习使用渔网和竹笼去捕获大鱼及鳖蜃之类作为祭品供奉于寝庙，并令国人依时取之，以助水中阳气的宣泄。除水虞之外，尚有掌管鸟兽之禁令的兽虞。孟春之际，鸟兽孕育、水虫生长之时，兽虞即禁止使用兽网和鸟网，只准使用鱼叉之类的器具猎取鱼鳖，用来制作夏天食用的肉干，以此促进鸟兽的生长。立夏之时，鸟兽已经长成，水中生物则进入孕育时期，水虞便禁止使用取鱼之网，不过人们可以设置陷阱、柞格捕获野兽，以充实宗庙祭品和食物。可以发现，里革并未否定人类从自然界中获取用度的合理性，甚至认为在某些时候还有助于优化水中的生态环境。不过，人的行为应该有限度，要遵循自

① 徐元诰：《国语集解》，王树民、沈长云点校，北京：中华书局，2002年，第167—170页。

然自身的规律性，如“山不槎蘖”“泽不伐夭”“鱼禁鲲鲕”“兽长麑麛”“鸟翼鷇卵”“虫舍蚳蝝”，也就是要遵循它们的生命周期。“山不槎蘖”“泽不伐夭”是指不能砍伐山林中新生出的枝芽和水泽边未长成的草木，这是对植物的关怀。后面四者则是对动物的关怀，捕鱼时禁止捕获鱼子、小鱼，捕兽时不能捕抓哺育幼兽的母兽，捕捉鸟类时不能及于哺育幼雏和孵卵的母鸟，捕虫时则应舍弃其卵。

鲁宣公的做法其实已经涉及一个生态哲学中具有普遍性意义的问题，即人类的需求与自然的节律广泛存在的冲突。“人固然也在这大自然之中，同样服从这同样的生命的节律，但是，人又毕竟通过文明的各种创制有了一些超越自然制约的可能，人的需求与自然和其他生命的节律有了差距。”[1]不仅仅存在着“可能”，人类的普遍生存和社会的维持亦在一定程度上构成了某种“必然”；更有甚者，如鲁宣公之类的“贪无艺”的情形在人类社会生活中亦不断出现，从而加剧了这种冲突。这些冲突不仅存在于古代，现代社会也普遍存在，甚至呈现出

① 何怀宏：《儒家生态伦理思想论略》，《中国人民大学学报》，2000年第2期，第32—39页。

一种愈演愈烈的态势，生物多样性的锐减正是生态危机的显著特征之一。

而里革的劝诫则反映了中国传统生态思想尤其是儒家文化传统在此问题上的态度。“作为一种关注人间社会的维持和人类的普遍生存，而不仅仅是个人修身养性的学说，古代儒家学说不是普遍地禁止或绝对地非议杀生——猎兽或伐树，而是认为人们有些时候可以做这些事，有些时候不可以做这些事。人的生存固然离不开自然物，人在自然界也居主动地位，但人并不是在任何时候都可以对它们做任何事情。在此的要义不是完全的禁欲，而是节制人类的欲望。”[①] 人与自然的统一是其基本原则，而其主要方式则是以“时禁”的方式规范人们的行为。如前文所述，“时”是中国生态思想中的一个重要范畴，具有天道和人道相统一的综合性特点，“它所直接根据之‘时’与其说是以人为中心，按人的需求来安排的，而毋宁说是按照大自然的节奏、万物生命的节律来安排的，亦即按四季来安排的”[②]。

① 何怀宏：《儒家生态伦理思想论略》，《中国人民大学学报》，2000年第2期，第32—39页。
② 何怀宏：《儒家生态伦理思想论略》，《中国人民大学学报》，2000年第2期，第32—39页。

据《礼记·祭义》记载："曾子曰：'树木以时伐焉，禽兽以时杀焉。'夫子曰：'断一树，杀一兽，不以其时，非孝也。'"① 作为处理血亲关系基本原则的孝悌，在儒家文化中被视为"仁之本"。本即根源，是最深沉、最真挚的情感。这是一种"天伦"，任何个体均无法选择自己的父母，而且均需要父母提供最初的养护和教育，因此儒家强调"报本反始""慎终追远"，强调"敬天法祖"，甚至"三年之丧"。这也是儒家祭祀文化的人文意义，其内在的价值原则即是孝，这是儒家视域中社会个体安身立命的根本。在此，《礼记》将杀伐"以时"视为对于天地自然之孝，表达的正是一种深沉的、根源性的情感和态度。《管子》曾经记载了一种"四禁"的思想。

四禁者何也？春无杀伐，无割大陵，倮大衍，伐大木，斩大山，行大火，诛大臣，收谷赋。夏无遏水，达名川，塞大谷，动土功，射鸟兽。秋毋赦过释罪缓刑。冬无赋爵赏禄，伤伐五藏。故春政不禁，则百长不生。夏政不禁，则五谷不成。

① ［清］朱彬：《礼记训纂》，饶钦农点校，北京：中华书局，1996年，第715页。

秋政不禁，则奸邪不胜。冬政不禁，则地气不藏。四者俱犯，则阴阳不和，风雨不时，大水漂州流邑，大风漂屋折树，火暴焚，地燋草；天冬雷，地冬霆。草木夏落而秋荣，蛰虫不藏，宜死者生，宜蛰者鸣，苴多螣蟆，山多虫螟。六畜不蕃，民多夭死，国贫法乱，逆气下生。①

“四禁”其实是基于对自然时序和动植物生命周期的认识和遵循来确立人类的行为规则。这在中国哲学中亦可以称为“尽物之性”。乔清举教授指出：“尽物之性是人尽自己的道德之性的内涵之一，这是传统儒家哲学的特点。所谓‘尽物之性’，就是要让万物按照自身的性质发展，不伤害其固有的性质。唯有如此，人才能参与和帮助天地之化育，人才是真正的人，才能够与天地并立。中国哲学观念认为，天地生物，本欲其完成正常的生命，不欲其中途夭折而死；人当随顺天地，不当逆戕万物之生。”② 按照保罗·泰勒的观点，生物有其自身之“善”，

① 黎翔凤：《管子校注》，梁运华整理，北京：中华书局，2004年，第995页。
② 乔清举：《建立基于中国哲学原则的环境伦理学》，《中国哲学史》，2005年第3期，第22—30页。

这是一个“生物事实”[1]，“每个生命都有其善，因为作为生命，它有方向，有目标，有目的。不管生命其本身是否清楚这个事实，这一点都是毋庸质疑的”[2]。戴斯·贾丁斯认为由此可以引发两个更进一步的规范性论断：“具有固有价值的物体应受到道德关注，所有道德主体有责任尊重该物体自身的善。”[3]生物自身之“善”其实正类似于中国哲学中的“物性”的概念，认可、尊重和保护这种“善”，也就是尽物之性。其主旨是维持人类社会和自然万物的统一、稳定、持续的关系，这其实亦是一种“天人合一”，当然，这是在肯定人的“中心地位”的前提基础之上的。从某种意义上说，人类之于自然界的主体性并不仅仅体现在前述人的需求或能力与自然和其他生命的节律所存在的“差距”，更体现在人类在正确认识和对待这种“差距”以及在此基础之上实现的“统一”，即“天人合一”。“从道德的主体或代理人、能动性方面，人在此无疑是居于中心地位，甚至在价值论

① ［美］戴斯·贾丁斯：《环境伦理学》，林官明、杨爱民译，北京：北京大学出版社，2002年，第160页。
② ［美］戴斯·贾丁斯：《环境伦理学》，林官明、杨爱民译，北京：北京大学出版社，2002年，第159页
③ ［美］戴斯·贾丁斯：《环境伦理学》，林官明、杨爱民译，北京：北京大学出版社，2002年，第160页

上也是如此，但由于儒家实际把天、地、人视为一个有机的整体，把天道与人道紧密地联系起来思考，所以，我们也许可以说，儒家初见雏形的生态伦理既是人类中心的，又是生态中心的，它在行为规范方面主要是人类中心的，是天人有别的，而从其后面的支持精神和宇宙哲学看，它又是生态中心的，是整体论的，天人合一论的。”[①] 作为一种自然的结果，也就是生态共同体的实现。唯有如此，才能实现“蕃庶物”以维持生物的多样性和丰富性，才能实现生态共同体的可持续发展。

董仲舒说：“天地之精所以生物者，莫贵于人。”[②] 又说：“唯人独能偶天地。”[③] 乔清举教授指出：“这种珍贵只表现为人能够理解自然过程的意义，愿意从生生的仁心出发，把自然作为道德共同体，珍视它的生命，尊重它的权利，帮助它实现自己的本性。助天行道，延天佑人。”[④] 生态共同体的思想应成为当前

---

① 何怀宏：《儒家生态伦理思想论略》，《中国人民大学学报》，2000年第2期，第32—39页。
② ［清］苏舆撰：《春秋繁露义证》，钟哲点校，北京：中华书局，2002年，第354页。
③ ［清］苏舆撰：《春秋繁露义证》，钟哲点校，北京：中华书局，2002年，第354页。
④ 乔清举：《儒家生态思想通论》，北京：北京大学出版社，2013年，第308页。

生态建设的思想指引，对待自然万物应树立与之为善的意识。“始与善，善进善，不善蔑由至矣。始与不善，不善进不善，善亦蔑由至矣。”[①]“与善”即以善意与万物相处，也就是道德地对待万物。“与善”才能“进善”，这样才能保障共同体的持续性。

① 徐元诰：《国语集解》，王树民、沈长云点校，北京：中华书局，2002年，第388页。

结　语

《国语》生态思想的意义

在中国思想史上，关于《国语》成书性质的讨论层出不穷。大体而言，除以春秋“外传”列入经部春秋类之外，将其归入史书者居多，不过亦会强调其“国别家”“杂史”之类的特点。韦昭曾言：“其文不主于经，故号曰‘外传’。所以包罗天地，探测祸福，发起幽微，章表善恶者，昭然甚明，实与经艺并陈，非特诸子之伦也。”[①] 韦昭之言其实道出了《国语》成书性质的复杂性及其意义的多样性。其一，“其文不主于经，故号曰‘外传’”，是强调《国语》的史学意义。其二，《国语》中“包罗天地”“章表善恶”的“明德之语”则又使其具备了经学的功

① ［三国］韦昭：《国语解叙》，徐元诰：《国语集解》，王树民、沈长云点校，北京：中华书局，2002年，第594页。

能和意义，也就是韦昭所说的“与经义并陈”。其三，《国语》作为一种各国的“国语”汇编，除先天具备一种与政治的亲缘性之外，无论作为“史”，抑或作为“经”，均具有一种内容庞杂而未能融贯为一的先天之不足。或者可以说，其既未能融贯成“史”，亦未能融会为“经”。可以发现，《国语》的这些特点在其蕴含的生态思想方面亦有所体现，这也决定了其意义的多样性。

首先，作为一部由“明德之语”构成的“史书”，《国语》中的生态思想最为直观的意义即体现在“思想史”方面。它向我们展示了中国西周至春秋时期人们对于天人之际的认识和实践的特点，是中国生态思想史发展的重要阶段，其提出的诸多具有深远影响的话题及围绕这些话题形成的基本范畴、主要观点，构成了即将到来的诸子时代的思想文化基础，并对中国文化的历史发展产生了重要影响。

其次，《国语》中的生态思想凸显了中国生态思想发展中的一种实践维度，体现出一种自然生态与社会政治生态的内在统一性。如前文所述，《国语》之“语”往往在君臣之间展开，并以治国之“嘉言善语”为切入点，但并未局限于此，而是广泛涉及“天道人事”，呈现出对于政治活动的一种整体主义理解。如果反过来从生态哲学思想的角度来看,《国语》中关于天人之际的思考则呈现出一种切近人类现实生活的实践性特点。其与国家社会政治生活及生产实践密切相关，或者与国家的礼制相结合（如虢文公通过籍田之礼劝诫周宣王“祖识地德”，周襄王以隧礼之制提醒晋文公“懋昭明德，物将自至”等），或者与国家的重大政治事件相结合（如太子晋以“川，气之导也”对周灵王壅川进行劝诫，范蠡在协助越王谋伐吴国过程中极力强调“人事必将与天地相参”等），从而体现出一种自然生态与社会政治生态的内在统一性。究其实质而言，社会政治活动是属人活动，而人类的存在和发展均是以自然为先决条件的，同样亦应该遵循自然运行的规律。这是《国语》生态思想的重要特点。

再次，从某种意义上说,《国语》还构成了中国传统生态思想的一种独特的存在形态。作为“明德”之语，也就意味着《国语》所载并非“一般历史事件”的堆积，而是“思想史事件”的集合。陈少明教授曾提出“一般历史事件”和“思想史事件”的区分，他说:“确定一个事件是一般历史事件还是思想史事件，要看它是否有思想作用，具体说要看它在思想史上的实际影响，或者其所蕴含的思想价值。”①“思想史事件”亦可以分为“构成思想史影响的事件”和“有思想价值的事件”两类。关于前者，陈少明列举“李斯上秦王书”与“董仲舒答汉武帝问”两例，因其二者分别对秦代、汉代的思想文化和社会变迁，乃至整个中国历史的思想文化和社会变迁产生了深远的影响。关于后者，他说：“有思想价值的事件，则是未经反思的范畴。这类事件大多不是惊天地、泣鬼神的故事，没有令山河变色、朝代更替的后果。其人物情节可能睿智空灵，可能悲凉冷峻，更可能平和隽永，也有甚至看起来琐碎平庸的，但都具有让人反复咀嚼回味的内涵。”②

可以发现，《国语》中所记载的“明德之语”，有很大一部分都具备了“思想史事件”的特征，如史伯关于“和实生物”的论述，范蠡关于天人之际的思考，以及观射父关于“绝地天通”的解释，等等。可以说，《国语》实际构成了诸多“思想史事件”的一个集合。进而，“思想史事件”所蕴含的思想价值

---

① 陈少明：《什么是思想史事件？》，《江苏社会科学》，2007年第1期，第8—13页。

② 陈少明：《什么是思想史事件？》，《江苏社会科学》，2007年第1期，第8—13页。

是可以脱离其最初出现的具体情境而存在的，因其“思想”，或者所明之“德”，而具有普遍性的意义。如果经过深入的反思，其思想的力量和价值甚至可以贯通历史、直达于今。从整体上来看，《国语》内容庞杂，较其他经典或诸子学说而言，较少一贯性和统一性；但如果单论其中的“思想史事件”，其实已具备了经典解释和思想阐发的价值。因此，对于中国生态思想史研究来说，《国语》以及与之类似的富含“思想史事件”的史学著作，是一种独特的存在形态，具有重要的文献价值，亦具有方法论意义。

参考文献

[1] 史韦泽．敬畏生命．陈泽环，译．上海：上海社会科学出版社，1996.

[2] 利奥波德．沙乡年鉴．侯文蕙，译．长春：吉林人民出版社，1997.

[3] 贾丁斯．环境伦理学．林官明，杨爱民，译．北京：北京大学出版社，2002.

[4] 罗尔斯顿．环境伦理学．杨通进，译．北京：中国社会科学出版社，2000.

[5] 罗尔斯顿Ⅲ．哲学走向荒野．刘耳，叶平，译．长春：吉林人民出版社，2000.

[6] 塔克尔，白诗朗．儒学与生态．彭国翔，张容南，译．南京：江苏教育出版社，2008.

[7] 沃斯特．自然的经济体系——生态思想史．侯文蕙，译．北京：商务印书馆，2007.

[8] 张灏．危机中的中国知识分子——寻求秩序与意义．高力克，王跃，译．北京：新星出版社，2006.

[9] 班固．汉书．北京：中华书局，2012.

[10] 孔安国传，孔颖达疏．尚书正义．李学勤主编．北京：北京大学出版社，1999.

[11] 刘向．战国策．上海：上海古籍出版社，1985.

[12] 司马迁．史记．北京：中华书局，2011.

[13] 许慎撰，段玉裁注．说文解字注．上海：上海古籍出版社，1981.

[14] 郑玄注，贾公彦疏．周礼正义．李学勤主编．北京：北京大学出版社，1999.

[15] 郑玄注，孔颖达疏．礼记正义．李学勤主编．北京：北京大学出版社，1999.

[16] 杜预注，孔颖达正义．春秋左传正义．李学勤主编．北京：北京大学出版社，1999.

[17] 郭璞注，邢昺疏．尔雅注疏．李学勤主编．北京：北京大学出版社，1999.

[18] 顾炎武．日知录校释．张京华校释．长沙：岳麓书社，2011.

[19] 徐光启．徐光启全集．朱维铮，李天纲主编．上海：上海古籍出版社，2011.

[20] 苏舆撰．春秋繁露义证．钟哲点校．北京：中华书局，2002.

[21] 王先谦．荀子集解．沈啸寰，王星贤整理．北京：中华书局，2012.

[22] 朱彬．礼记训纂．饶钦农点校．北京：中华书局，1996.

[23] 黎靖德．朱子语类（第 5 册）．王星贤点校．北京：中华书局，1994.

[24] 陆九渊．陆九渊集．北京：中华书局，2008.

[25] 朱熹．四书章句集注．北京：中华书局，2011.

[26] 王弼注．老子道德经注．楼宇烈校释．北京：中华书局，2011.

[27] 王弼注，孔颖达疏．周易正义．李学勤主编．北京：北京大学出版社，1999.

[28] 王弼撰．周易注校释．楼宇烈校释．北京：中华书局，2012.

[29] 新刊四书五经·春秋三传．北京：中国书店出版社，1994.

[30] 顾颉刚，刘起釪．尚书校释译论．北京：中华书局，2005.

[31] 黎翔凤．管子校注．梁运华整理．北京：中华书局，2004.

[32] 刘文典.淮南鸿烈集解.冯逸，乔华点校.北京：中华书局，1989.

[33] 尚秉和.焦氏易林注·例言//焦延寿.焦氏易林注.尚秉和注，常秉义点校.北京：光明日报出版社，2005.

[34] 康有为.康有为全集.姜义华，张荣华编校.北京：中国人民大学出版社，2007.

[35] 蒙培元.人与自然——中国哲学生态观.北京：人民出版社，2004.

[36] 陈来.古代宗教与伦理.北京：生活·读书·新知三联书店，2009.

[37] 乔清举.儒家生态思想通论.北京：北京大学出版社，2013.

[38] 乔清举.河流的文化生命.郑州：黄河水利出版社，2007.

[39] 曹明德.从人类中心主义到生态中心主义伦理观的转变——兼论道德共同体范围的扩展.中国人民大学学报，2002(3).

[40] 成中英.论义利之辨与天人合一.中国社会科学院研究生院学报，1998(1).

[41] 何怀宏.儒家生态伦理思想述略.中国人民大学学报，2000(2).

[42] 黄俊杰."义利之辨"及其思想史的定位//苑淑亚编.中国观念史.郑州：中州古籍出版社，2005.

[43] 乔清举 . 论儒家的祭祀文化及其生态意义 . 现代哲学 . 2012 (4).

[44] 乔清举 . 论儒家自然哲学的“通”的思想及其生态意义 . 社会科学，2012(7).

[45] 乔清举 . 建立基于中国哲学原则的环境伦理学 . 中国哲学史，2005(3).

[46] 王士良 . 天时、地利、物性、人力的四位一体：论徐光启《农政全书》中的农业生态观及其思想史意义 . 自然辩证法研究，2017(7).

[47] 王士良 . 现代生态社会构建的三重维度 . 中国国情国力，2013(8).

[48] 王士良 .《道德经》中关于水的思想及其现代生态意蕴 . 哈尔滨工业大学学报（社会科学版），2017(3).

[49] 王士良 .“续制新意以济群生”：康有为对近代自然科学的儒家式解读及其生态意义 . 原道，2017(2).

[50] 王士良 . 京津冀协同发展的“和”文化底蕴 . 唐山师范学院学报，2016(4).

[51] 萧放 . 天时与人时 ——民众时间意识探源 . 湖北大学学报（哲学社会科学版），2004(5).

[52] 杨国荣 . 作为哲学范畴的“和”——“和”的哲学阐释 . 中国哲学史，2001(2).

[53] 岳友熙，岳翔宇．论生态伦理视阈下道德共同体的重建．枣庄学院学报，2013(3).

[54] 张祥龙．中国古代思想中的天时观．社会科学战线，1999(2).

[55] 张永路．《国语》和合思想论析——从《越语》“天地人相参”说起．理论界，2016(9).

[56] 郑慧子．在自然共同体中人对自然有伦理关系吗？．自然辩证法研究，2001(12).